KB141412

구 혜 선 시 나 리 오 집

구 혜 선 시 나 리 오 집

마리 이야기 & 미스터리 핑크

KOO HYE SUN

더디퍼런스

글을 쓴다는 것은 창피함에 연속이었다.
쓰고 나면 늘 후회했다.
쓰지 말아야겠다는 결심만 남았다.

스물다섯.
〈요술〉이라는 첫 장편영화의 흥행 실패는
내게 상처가 되었다.
오랜 시간 덮어 두고 있었다.
사람들의 신랄한 평가를 받아들였고,
내가 잘못했다는 판단을 하였다.
그해 꼭 찍고 싶었던 뱀파이어 영화가 있었는데
그것 역시 접었다.
그것이 바로 〈마리 이야기〉이다.

서른다섯.
많은 것이 잊혀졌다.
〈요술〉을 잊었다.
그래서 다시 〈요술〉을 꺼내 볼 수 있었다.

그 어느 때보다 찬란했던 청춘의 향수에
나는 너무도 격렬하게 울고 말았다.
'잘했다. 가장 좋았다.'라면서.

그래서.

〈마리 이야기〉는 돌아갈 수 없는 그때.
가장 좋았던 시나리오가 되었다.

그리고.

새롭게 쓰는
〈미스터리 핑크〉는 언젠가 가장 좋았던
시나리오가 될 것이라고
나는 믿는다.

구혜선 드림

일러두기

1. 이 책의 편집은 구혜선 작가의 대본 집필 형식을 최대한 따랐습니다.

2. 대사는 글말이 아닌 입말임을 감안하여, 한글맞춤법에 벗어난
   표현도 최대한 살렸습니다.

3. 쉼표, 느낌표, 마침표 등과 같은 구두점도 작가의 의도를 따랐습니다.

4. 말줄임표는 두 개, 세 개, 네 개 등으로 다양하게 표현되어 있습니다.
   이는 대사 시 호흡의 양을 다양하게 표현하고자 한 작가의 의도를
   반영한 결과입니다.

N(Night)	밤
D(Day)	낮
#S	장면을 표시하는 것으로, 장면 번호를 적어 표기한다.
Na	내레이션을 지칭하는 용어로, 장면 밖에서의 목소리를 나타낸다.
Insert	화면의 특정 동작이나 상황을 강조하기 위해 삽입한 화면이다.
O.L(Overlab)	현재의 화면이 사라지면서 뒤의 화면으로 바뀌는 기법이다.
F.I(Fade in)	어두웠던 화면이 점차 밝아지면서 장면이 전환되는 것을 말한다.
F.O(Fade out)	화면이 점차 어두워지면서 장면이 바뀌는 것을 말한다.
V.O(Voice over)	건물 밖이나 차 안에서 대화하는 이들의 목소리를 들려 줄 때, 한 인물의 이야기가 이전 장면에서 현재의 장면으로 오버랩 될 때 쓰인다.
Flashback	회상을 나타내는 장면. 지금 일어나고 있는 사건의 인과를 설명하거나, 인물의 성격을 설명하기 위해 쓰인다.
몽타주	따로따로 편집된 장면들을 짧게 끊어서 붙인 화면.

✷
차
례

마리
이야기

intro

내가 살기 위해 네가 필요하다.
가족이라는 관계로.
사랑한다는 이유로.
생존하기 위한 도구로.
잔인하도록 우리는 당신이 필요하다.
우리는 인간이다.

―마리 이야기―

기획의도

인간과 인간으로 살아야 하는 이들(뱀파이어)의
서늘한 공생 관계.
잔혹한 삶의 트라우마는 인간의 욕망을 지배한다.

등장인물

마리

첫사랑 트라우마를 가진 뱀파이어 소녀. 말이 없다.
정우에게 첫사랑의 감정을 느낀다.

미숙(마리)

모성애 트라우마를 가진 뱀파이어. 마리의 엄마로 알려져 있다.
그녀와는 모녀지간으로 위장한 공생 관계이다.

정우

미숙과 마리가 운영하는 고아원에서 자랐다.
주현을 사랑한다.

주현

정우의 여자친구. 단아한 외모의 무용 교사이다.
가족을 사랑한다.

1부

—

마리 이야기

#1. 어느 병원/N

10층 높이의 병원 건물.

10층 병실 창가에 앉아 있는 어린 남자아이가 보인다. 정우다.

기타를 튕기고 있는 정우, 구슬프게 노래를 부르고 있다.

기타 위에 쓰인 아이의 글자. '정우'라고 적혀 있다.

잠시 후. 정우의 기타 연주 소리가 병원 전체에 울려 퍼진다.

#2. 어느 병실/N

10층 어느 병실.

괴롭게 기침을 토하며 죽어 가는 중년 여성. (정우의 엄마다.)

정우, 중년 여성을 보며 구슬프게 노래한다.

잠시 후. 힘겹게 기침하던 중년 여성, 거칠게 피를 토한다.

놀라는 정우. 기타 연주를 멈추고 중년 여성에게 뛰어간다.

잠시 후. 계속해서 피를 토하는 중년 여성을 보고 있는 정우의 뒷모습. 비참하다.

그때. 급히 병실 안으로 들어오는 의사와 간호사, 구급 조치를 취한다.

잠시 후. 중년 여성의 맥박수. 다시 안정을 되찾는다.

의사, 할 일을 마친 듯 긴 한숨을 내쉬며 밖으로 나가고.

간호사, 중년 여성의 얼굴에 피를 닦아 준다.

병실 불을 끄고 밖으로 나가는 간호사, 잠시 걸음을 멈춰 주변을 둘러본다.

방금 전 서 있던 정우는 어디 가고 없다.

이상한 듯 고개를 갸웃거리는 간호사, 조용히 병실 문을 닫고 나간다.

잠시 후. 창가에는 쓸쓸히 기타가 놓여 있다. (정우의 기타다.)

중년 여성이 누워 있는 침대 밑. 정우가 보인다.

정우, 귀를 틀어막은 채 울고 있다.

#3. 병실/N

깜깜한 병실.

중년 여성, 다시 발작이 시작된 듯 기침을 시작한다.

중년 여성의 심장박동수를 알리는 심전계가 죽음을 암시하는 듯 소리를 낸다.

잠시 후. 병실 창가에 어느새 나타난 여자가 보인다. 마리다.

창백한 얼굴의 마리, 정우의 기타를 살핀다.

고요히 정우의 기타를 튕겨 보는 마리. 중년 여성의 죽음을 기다리는 듯하다.

마침내. 괴로운 듯 발작이 시작된 중년 여성, 입에서 다시 피를 토하기 시작한다.

그때 삐-소리를 내는 심전계. 중년 여성의 죽음을 알린다.

마리, 재빨리 달려와 중년 여성의 목덜미를 물어 급하게 피를 삼키기 시작한다.

순간, 고통스럽게 눈을 뜨는 중년 여성.

잠시 후. 힘없이 손을 떨군다.

중년 여성의 피를 소리 내어 삼키는 마리의 뒷모습. 섬뜩하다.

그때. 중년 여성이 누워 있던 침대 밑에서 들려오는 인기척.

놀라는 마리, 재빨리 거꾸로 매달린다.

거꾸로 매달린 채 침대 밑을 노려보는 마리.

마리의 시선으로 부들부들 떨고 있는 정우가 보인다.

정우　　　(마리를 보고 두려움에 떨며) 엄마…

정우의 시선으로 보이는 마리. 입가에 잔뜩 피가 묻어 있다.

겁에 질린 정우, 천천히 뒷걸음질로 침대 밑을 기어 나간다.

잠시 후. 고요한 정적 사이로 마주하는 두 사람.

마리, 정우에게 다가가려 하자

정우, 비명을 지르며 병실 밖으로 도망친다.

마리, 정우를 따라간다.

#4. 병원 복도/N

길고 긴 병원 복도를 힘차게 도망치는 정우, 두려움에 울부짖는다.

잠시 후. 그 뒤를 천천히 쫓는 마리가 보인다.

#5. 병원 계단/N

비상구 문을 여는 정우, 밑도 보이지 않는 어둡고 끝없는 계단을 내려가기 시작한다.

그 뒤를 숨 막히게 쫓는 마리.

잠시 후. 계단을 뛰어 내려온 정우, 출입구 문을 열자 잠긴 듯 열리지 않는다.

다급하게 다시 계단을 뛰어 내려가는 정우. (둘의 숨 막히는 추격전이 펼쳐진다.)

잠시 후. 다른 층 출입구의 문을 열어 보는 정우.

역시, 잠긴 듯 열리지 않는다.

큰 소리로 울부짖으며 문을 흔드는 정우, 온 힘을 다한다.

그때. 찰칵 소리와 함께 우연히 열리는 문.

정우, 소리를 지르며 문밖으로 뛰어 나간다.

#6. 병원 복도/N

문밖으로 뛰쳐나온 정우의 눈앞에 끝도 없는 어두운 병원 복도가 펼쳐진다.

정우, 어디로 가야 할지 막막한 듯 눈을 깜빡거린다.

잠시 후. 무작정 달리기 시작하는 정우.

정우의 낡은 운동화 끈이 서서히 풀리고 있다.

그때. 운동화 끈을 밟으며 발이 엉키는 정우, 운동화가 벗겨지며 넘어진다.

정우, 온 힘을 다해 일어나려 하지만 이미 정우의 눈앞에는 마리가 서 있다.

정우, 두려운 눈으로 마리를 올려다본다.

정우를 고요히 내려다보는 마리.

잠시 후. 정우를 향해 손을 내미는 마리.

마리   ...

정우, 마리의 손에 묻은 피를 보고 비명을 지르며 뒤로 자빠진다.

그때. 복도에 전등이 켜진다.

울고 있는 정우를 향해 급하게 달려오는 의사와 간호사들.

정우, 놀라며 주변을 살펴본다.

순식간에 사라진 마리. 어디에도 없다.

#7. 병원 복도/N

정우를 안정시키는 의사와 간호사들. 정우를 안고 어디론가 걸어간다.

잠시 후. 구석진 곳 모퉁이에 숨어 있는 마리가 보인다.

의사에게 안긴 채 어디론가 사라지는 정우를 지켜보는 마리.

잠시 후. 마리의 발밑으로는 정우의 낡은 운동화 한 짝이 버려져 있다.

#8. 병실/N

의사와 간호사, 죽은 중년 여성(정우의 엄마)의 시체를 여기저기 살펴본다.

잠시 후. 중년 여성의 목에 선명히 찍힌 두개의 이빨 자국을 발견하는 의사.

고개를 갸웃한다.

잠시 후. 중년 여성의 얼굴 위로 하얀 천이 덮여진다.

중년 여성의 시신을 어디론가 옮기는 의사와 간호사들, 병실 불을 끄고 나간다.

잠시 후. 불 꺼진 병실.

어느새 나타난 마리. 창가에 앉아 있다. 창밖을 바라보는 마리.

잠시 후. 마리가 내려다보는 창밖으로는 어린 정우가 서 있다.

갈 곳 없이 홀로 서성이고 있는 정우.

그런 정우를 보며 고요히 기타를 튕겨 보는 마리.

그 위로 정우의 구슬픈 노랫소리가 들린다.

마리Na   사랑은 죽었다. 시간은 죽었다.

암전되는 화면 위로 타이틀이 오른다.

〈마리 이야기〉

#9. 기차역/D

오래된 기차역.

매표소 앞에 서 있는 두 여자.

사십 대의 미숙(마리와 동명이인. 미숙으로 기재합니다.)과 십 대 초반의 마리다.

모녀지간처럼 보이는 두 사람.

미숙, 마리를 곁에 세워 두고 기차표를 구매한다.

미숙　　딸아이가 멀미를 해서요.

　　　　　실은… 발달장애를 앓고 있어요.

　　　　　다른 손님이 불편할 수도 있지 않을까 해서..

　　　　　비워 있는 칸이 있나요? 손님 적은 곳이요.

마리를 한 번 살펴보는 직원, 장부를 뒤진다.

직원　　(장부를 살펴보며) 빈칸은 없고, 손님 한 분이 탑승하시네요.

　　　　　괜찮으시면 드릴까요?

미숙　　(방긋 웃으며) 좋아요.

표를 두 장 내어 주는 직원.

미숙　　(마리를 향해) 감사하다고 인사해야지.

머쓱한 표정으로 목례하는 마리.

#10. 기차역/D

커다란 짐 가방을 질질 끌고 가는 미숙과 마리, 기차에 올라탄다.

#11. 기차 안/D

오래된 기차 안.

미숙, 마리를 좌석으로 안내한다.

마리, 미숙이 가리키는 자리에 앉는다.

잠시 후. 미숙, 커다란 짐 가방을 들어 선반 위로 올리지만 잘 들어가지 않는다.

몇 번을 반복하며 짐 가방을 쑤셔 넣으려는 미숙.

잠시 후. 옆 좌석으로 다가오는 중년 남자, 자리에 앉는다.

마리를 보며 너그럽게 미소 짓는 중년 남자.

중년 남자　(마리를 향해) 안녕하세요.

마리. 머쓱한 표정을 짓는다.

미숙　　　(가방을 선반에 넣으려 끙끙거리며) 딸아이가 멀미를 해서요.
　　　　　　실은 발달장애를 앓고 있어요.

중년 남자　(미안한 듯) 아… 그렇군요.
　　　　　　(마리를 보며 변태 같은 미소로) 얼굴의 그늘이 없어 보이네요.

중년 남자, 그제야 일어나 미숙을 돕는다.

중년 남자 (조금 느끼하다) 좋은 거예요, 그거.
　　　　　 나쁜 거 아니에요.

미숙의 큰 가방을 선반 위로 잘 넣어 주는 중년 남자.

미숙　　 (어색하게 웃으며) 고맙습니다.

중년 남자 멀리 가시나 봐요. 짐 가방이 크네요.

미숙　　 네. 춘천으로 가요.

중년 남자 춘천으로 여행을 가시나 봐요.

미숙　　 (미소로) 보육 기관에서 아이들을 돌보고 있어요.
　　　　　 새로 부임을 받았거든요.
　　　　　 보육원이 춘천에 있어서요.

중년 남자, 선반 위에 가방을 올려다본다.

중년 남자 아… 네. 아주 훌륭한 일을 하시는군요. (웃음)
　　　　　 저는 소아과에서 아이들을 치료하고 있어요.

미숙　　 (고개를 끄덕인다) 네…

중년 남자 (마리를 보며 속물처럼) 그런 느낌을 받았어요.

아주 때 묻지 않은 느낌이요.

얼굴은 성인인데 아이같이 느껴졌거든요.

중년 남자, 미소로 마리를 본다.

한글 공부를 하고 있는 마리, 몽당연필로 글자를 익히고 있다.

중년 남자에게는 무관심한 마리, 노트 위에 '안녕하세요.'를 받아쓰고 있다.

중년 남자 발달장애라는 거… 이름이 좀 그래서 그렇지 좋은

거예요 그거. 나쁜 거 아니에요. 차라리 나을지도 모르죠.

(의미심장하게) 아이로 평생 살 수 있다는 건 축복일 거예요.

미숙 … (억지 미소를 짓는다)

중년 남자 (마리에게 과잉 친절로) 이름이 뭐니?

마리 (별 반응 없이) …

미숙 (마리에게) 대답해야지… 어서.

(중년 남자에게) 낯을 가려서요.

미소 짓는 중년 남자, 손을 뻗어 마리의 머리를 쓰다듬는다.

마리의 머리가 헝클어진다.

미숙의 눈치를 보다 장난스레 마리의 귀를 만지작거리는 남자.

미숙과 마리를 보며 미소 짓는다.

잠시 후.

마리의 귀를 만지작거리는 중년 남자의 손가락에 끼워져 있는 금반지가 반짝인다.

금반지를 보며 미소 짓는 미숙.

그때.

미숙   (이상한 냄새가 나는 듯 코를 킁킁거리며)
          여기… 쥐가 있나 봐요.

중년 남자 ?

미숙   (웃으며) 쥐 냄새가 나서요.

중년 남자, 뭣도 모르고 미소 짓고 있다.

마리, 그런 중년 남자를 바라본다.

잠시 후. 미숙과 눈이 마주치는 마리.

미숙, 묘한 미소를 짓는다.

마리Na   그녀는 내 엄마가 아니다.
          엄마와 딸을 위장한 우리는 공생 관계이다.

#12. 기차/D

기차, 산속을 달리고 있다.

마리Na　　우린 죽었다. 오백 년 전에.

#13. 기차 안/D

중년 남자. 잠들어 있는 듯하다.
잠들어 있는 중년 남자의 얼굴을 한 번 쓰다듬는 미숙의 뒷모습.
중년 남자, 힘없이 고개를 '툭' 떨군다. (싸늘하게 죽어 있는 중년 남자)
잠시 후. 중년 남자의 목에 두 개의 이빨 자국이 보인다.

마리Na　　우리는 죽음과 동시에 다시 살게 되었다.
　　　　　인간의 모습으로 인간을 들여다보고, 인간을 기생하는
　　　　　거머리로.

입가의 묻은 붉은 피를 닦아 내는 미숙.
창백한 입술에 붉은 립스틱을 바른 후, 파우더를 꺼내어 목 주변을 가리 듯 섬세
하게 두드린다.

마리Na　　우리는 공생 관계이다.

죽은 중년 남자의 남은 피를 마시는 마리의 뒷모습. 쓸쓸해 보인다.
잠시 후. 마리가 한글을 받아 적은 노트 안. '안녕히'라는 어설픈 글자가 보인다.

(시간 경과)
달리고 있는 기차의 창밖이 비춰진다.

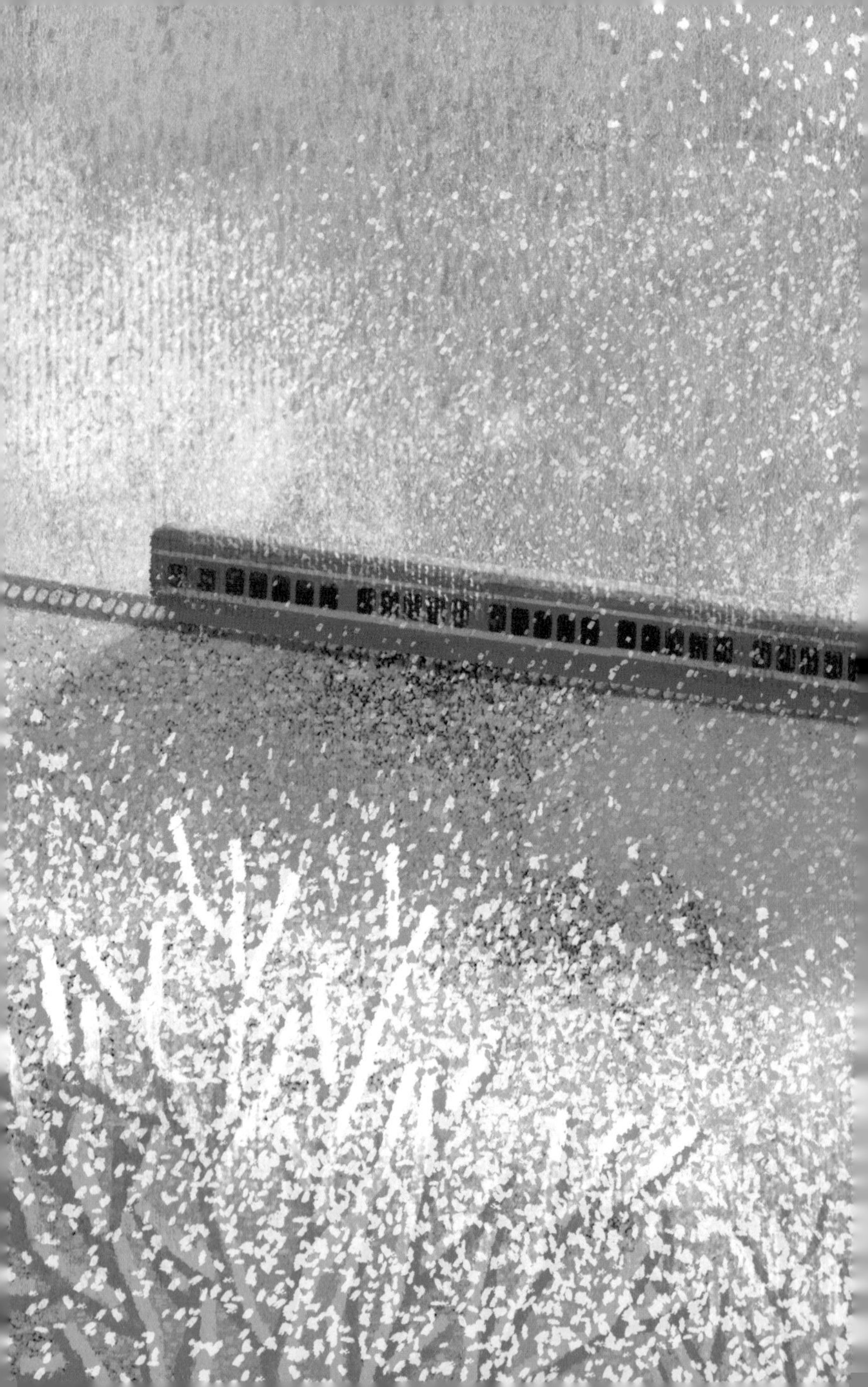

#14. 기차역 밖/N

새파란 새벽. 기차가 역에 멈춘다.

잠시 후. 미숙과 마리가 기차에서 내린다.

큰 짐 가방을 질질 끌며 걷는 미숙. 그 옆으로 마리가 나란히 걷는다.

마리Na   우리는 죽은 날의 모습을 기억한다.

            지금의 모습이 바로 그때, 그날의 모습이다.

insert> 어두운 방.

어린 여자아이(마리와 동갑으로 보이는, 미숙의 딸이다.)가 열병을 앓고 죽어 가고 있다.

미친 듯이 울고 있는 미숙.

잠시 후. 아이가 죽은 듯 비명을 지르는 미숙.

화면, 정신없이 교차되어진다.

insert> 어두운 방.

의자를 밟고 올라가는 미숙, 천장에 매달아 놓은 밧줄에 목을 맨다.

대롱대롱 매달린 미숙의 발밑으로 보이는 죽은 미숙의 딸아이.

잠시 후. 그 위로 몰려드는 쥐들. 미숙의 딸아이를 갉아먹으려는 듯 몰려든다.

그때. 천장에 목매달려 있는 미숙의 시체, 다시 살아난 듯 급하게 눈을 뜬다.

미숙   !!!!

쓸쓸히 걷고 있는 미숙과 마리.

잠시 후. 짐 가방 지퍼 사이로 손가락 하나가 '툭' 소리를 내며 삐져나온다.

손가락에 끼워진 금반지가 반짝인다. (중년 남자의 손가락이다.)

가방 안에서 삐져나온 손가락을 발견한 미숙, 잠시 걸음을 멈춘다.

손가락에 끼워진 금반지를 빼내는 미숙, 금반지를 호주머니에 넣는다.

잠시 후. 삐져나온 손가락을 가방 안으로 쑤셔 넣고 지퍼를 완벽히 채우는 미숙.

다시 걷는다. 미숙을 따라 걷는 마리.

잠시 후. 넓은 기차역을 쓸쓸히 걷는 두 사람의 모습이 보인다.

잠시 후. 달려오는 기차를 향해 남자를 실은 짐 가방을 던지는 두 사람.

#15. 고아원 외경/N

밤이 깊었다. 동화책에 나올 법한 고아원 외경이 보인다.

잠시 후. 고아원 안으로 들어서는 미숙과 마리가 보인다.

#16. 고아원 복도/N

어두운 복도를 걷는 미숙과 마리 그리고 부원장이 보인다.

부원장   (약간 가식적인 모습으로) 아이들이 모두 잠들었어요.
          새로 오신 원장님 보면 아주 좋아할 텐데요. (웃음)

미숙. 복도를 걸으며 내부를 둘러본다.

미숙의 시선으로 보이는 아이들의 방문.

방문마다 커다란 자물쇠가 잠겨 있다.

불편한 미소를 짓는 미숙.

잠시 후. 미숙과 마리에게 방을 안내하는 부원장.

창백한 두 사람을 보며 조금 이상한 기운을 느낀다.

부원장　　(미숙과 마리를 훑어보다 눈치껏) 멀리 오시느라 고단하실
　　　　　　텐데… 일단 눈 좀 붙이세요.

미숙　　　(눈치껏) 그럼 내일 뵐게요.

부원장　　네.

뒤돌아 가는 부원장.

그때.

부원장　　아참.

미숙　　　?

부원장　　(호기심 어린 눈으로) 죄송해요.
　　　　　　성함을 여쭤 보질 않았네요.

미숙　　　아니요. 여기 도착하기 전에 저희의 모든 기록을
　　　　　　넘겨드린 걸로 아는데요.

부원장   (쓱 미소로) 저희요?

미숙   ?

아차 싶은 미숙. 마리는 반응이 없다.

부원장   (의심스럽게) 성함이 어떻게 되신다고요?

미숙   마리요.

부원장   (의심스럽게) 따님은요?

미숙   (의미심장한 눈빛으로 똑똑히) 마.리.

부원장   (당황스럽다) 네?

부원장, 의심스러운 표정으로 마리를 바라보자
마리, 무관심한 듯 방으로 들어간다.

미숙   (부원장의 눈치를 살피며) 참… 저도 잠시 드릴 말씀이…

부원장   (긴장하며) 아, 네.

뒤돌아 미숙과 사인을 주고받는 마리.
마리, 반응 없이 방으로 들어간다.

#17. 고아원 원장실/N

방 안으로 들어온 마리.
잠시 후. 오래된 옷장을 열어 옷 짐을 정리한다. (모두 똑같은 옷들이다.)
잠시 후. 옷장 안에 쪼그려 눕는 마리, 눈을 감고 잠을 청한다.

#18. 고아원 복도/N

부원장과 어둑한 곳으로 걸어가는 미숙, 멈춰 선다.

미숙　　딸아이가 발달장애를 앓고 있어요.

부원장　　(안타까운 척) 저런… 어쩌다가요?

미숙　　어쩌다가는 아니고요. 처음부터 그랬던 건데요.
　　　　어쩔 수 없는 거지요.

부원장　　… (미소)

미숙　　어쩌다 보니 이런 삶을 살게 되었네요. 처음부터 제가
　　　　원한 일은 아니었어요. (고요히) 어쩌다 보니.

부원장　　(눈치껏) (에) 아, 그러시군요. 그런 건 걱정하지 마세요.
　　　　제가 주변에 잘 이야기해 둘게요.

미숙   ?

부원장   제 도움이 필요한 상황이라고 말씀하시는 거잖아요?
        그렇죠?

미숙   (미소로) 아니요.

부원장   (흠칫) ?

잠시 후. 두 사람의 싸늘한 공기.

미숙   (고요히 의미심장하게) 정말… 도와주실 수 있나요?

부원장   (순간 안심하는 눈으로) 그럼요. 그게 제가 하는 일인데요.

미숙   (고개를 끄덕이며 미소로) 네.

부원장   입단속을 잘 해야지요. 작은 동네는 아주 예민하거든요.
        작은 약점도 곧 함정이 되죠.

미숙   ?

부원장   (잘난 척) 아이들은 그런 존재랍니다.

미숙   (미소로 고개를 끄덕인다) 네…

부원장　　그런 건 제가 잘할 수 있어요.

미숙　　？

부원장　　제가… 이 많은 불행한 아이들을 관리 감독했던
　　　　　사람인데 그런 것쯤은 일도 아니죠.

미숙　　(혼잣말처럼) … 불행했군요.

부원장　　네?

미숙　　(미소로) 잘 부탁드려요

#19. 고아원 원장실/N

잠시 후. 방으로 들어온 미숙.
옷장 안에 마리가 누워 있는 것을 확인한 후 옷장 문을 닫는다.
눈을 감는 마리.
F.O

#20. 고아원 안/D

아이들로 가득 찬 고아원 어딘가

F.I

마리와 미숙, 부원장이 서 있다.

잠시 후. 묘한 미소를 짓는 부원장.

마리를 위아래로 훑어보다 곧 마리의 머리를 쓰다듬는다.

잠시 후. 헝클어진 마리의 머리.

마리, 반응이 없다.

부원장　(미숙에게 귓속말) 아이들과 함께 생활하다 보면 점점
　　　　좋아질 거예요. 발달장애는 충분히 호전될 수 있거든요.

마리를 보며 피식 웃는 부원장.

미숙, 불편한 미소를 짓는다.

잠시 후. 어색한 표정에 아이들.

부원장　(자신 있고 가식적인 미소로) 새로 오신 원장님이세요.
　　　　오늘부터 여러분의 어머니가 되어 주실 거예요.
　　　　여러분을 만나려고 멀리서 오셨어요.
　　　　박수 쳐 드려야겠죠?

아이들, 주변을 둘러보다 하나둘씩 손뼉 친다.

미숙　(어색하고 긴장되는 듯) 오늘부터 여러분과 함께 생활하게
　　　　돼서 무척이나 기쁘네요.

미숙, 아이들을 둘러본다.

잠시 후. 아이들 한 명, 한 명에게 다가가 악수를 청하는 미숙.

미숙   (미소로 악수를 청하며) 잘 부탁한다.

마리, 그런 아이들에게는 관심 없는 듯 창밖을 내려다본다.
그때. '쿵' 하며 누군가 넘어지는 소리가 들린다.
소리 난 쪽을 바라보는 마리, 넘어진 아이와 눈이 마주친다.
넘어진 아이. 정우다.

마리   …!

마리를 보며 겁에 질리는 정우, 비명을 지르며 밖으로 뛰쳐나간다.
미숙과 부원장, 당황한 얼굴로 정우를 바라본다.

마리   …!

마리, 그런 정우를 묘하게 바라본다.

#21. 고아원 복도/D

부원장과 미숙, 마리가 복도 창가에 서 있다.
부원장, 장부를 미숙에게 넘겨준다.

부원장   갑작스러운 일이라 놀라서 그랬을 거예요. 걱정 마세요.

정우가 좀 소극적이긴 한데 돌발행동하고 그러는 아이는
아니거든요.

미숙　　　(뭔가 불안하다)

부원장　　(장부를 넘기며) 여기 보시면, 아이들 나이와 행동
　　　　　　발달상황, 성격 등이 기록되어 있어요. 참조하시라고요.

마리, 관심 없이 창밖을 내려다본다.
잠시 후, 갈 곳 없이 서성이는 정우를 발견하는 마리. 조용히 지켜본다.

부원장　　(술술) 종종 아이들이 가출하거나 실종되는 경우가
　　　　　　있어요. 사실 그럴 때는 이야기가 좀 복잡해져서요.
　　　　　　조사하는 인간들 때문에 그렇기도 하고요. (미소로)
　　　　　　아무튼 신경 쓰실 일이 이만저만이 아닐 거예요.

미숙　　　(불편한 미소로)

부원장　　아이들이 없어지고 적정 기간이 지나면 저희는 사고로
　　　　　　사망했다고 기록해 두었거든요. (사무적으로) 예를
　　　　　　들면 물에 빠져 죽었다던가… 뭐 이런 식으로요. 이런
　　　　　　식으로 기록하지 않으면 영 귀찮아져서요. 이것도
　　　　　　참조하시라고요.

미숙　　　(섬뜩한 눈으로 부원장을 본다)

부원장   (다 알면서 왜 그러냐는 눈빛으로) 왜 그러세요?

미숙   (미소로 참으며) 아니에요.

부원장   (다시 사무적으로) 아참. 저녁에는 아이들의 방문을
자물쇠로 잠그는 게 좋을 거예요. 도망가는 녀석들도
종종 있거든요.

미숙   (묘한 미소로 부원장을 노려보며) 네, 감사합니다.

잠시 후. 마리의 시선으로 보이는 정우.
어디론가 걸어가고 있다.
그때. 정우, 자신을 내려다보는 마리와 눈이 마주친다.
재빠르게 도망치는 정우. 멀리 사라진다.

#22. 고아원 식당/D

식당.
아이들, 급식을 받고 있다.
잠시 후. 맛있게 식사하는 아이들이 보인다.
그때. 주방 문 쪽으로 '툭' 누군가가 쓰러진다. 부원장이다.
잠시 후. 어디론가 질질 끌려가는 부원장.
아이들, 눈치채지 못한 채 맛있게 식사를 한다.

주방.

투명한 유리병에 붉은 피를 담는 미숙, 유리병들을 냉장고에 넣어 둔다.

잠시 후. 마리에게 피 한 잔을 따라 주는 미숙, 자신도 고상하게 피를 따라 마신다.

잠시 후. 마리와 미숙, 부원장의 시체를 하얀 천에 담는다.

#23. 거리/D

정우, 거리를 걷고 있다. 쓸쓸해 보이는 정우.

잠시 후. 배가 고픈 듯 배를 움켜잡는 정우, 어디론가 걸어간다.

#24. 빵집 앞/D

빵집 앞에 걸어온 정우, 빵집 쇼윈도를 들여다본다.

정우의 시선으로 보이는 예쁜 여자아이, 소희다.(마리와 동명이인. 소희로 기재합니다.)

소희, 가지런히 진열된 빵들을 둘러보고 있다.

그때. 소희의 시선으로 보이는 따뜻한 빵 하나. 하얀 봉지에 쌓여 있다.

봉지에 쓰인 글자를 읽어 보는 소희.

잠시 후. 주변을 둘러보던 소희, 빵 하나를 주머니에 슬쩍 넣는다.

그때, 빵을 훔치는 소희를 발견한 빵집 주인, 소희를 잡으려 소리친다.

허겁지겁 밖으로 뛰쳐나오는 소희, 정우와 눈이 마주친다.

잠시 후. 함께 달리기 시작하는 정우와 소희.

빵집 주인, 필사적으로 따라가지만 놓치고 만다.

잠시 후. 도망가는 두 아이의 뒷모습이 보인다.

#25. 골목길/D

훔친 빵을 허겁지겁 나누어 먹는 정우와 소희.
괜한 웃음이 터진 듯 웃기 시작한다.

소희　　너 새로 온 애지? (손을 내밀며) 반가워.

어색한 정우.

소희　　내 이름은 마리야. 김마리.

정우, 어색한 미소가 흐른다.
잠시 후. 조심스레 소희가 내민 손을 잡는 정우.
미소를 짓는 소희.
정우도 미소를 짓는다.

정우　　(소극적이다) 나는 정우…

소희　　정우?

정우　　응.

길가를 걷는 두 아이.

#26. 길가/D

쓸쓸하게 노을이 지고 있다.

길가에 주저앉아 있는 정우와 소희. 갈 곳 없이 처량하다.

소희   (멋쩍게) 땅따먹기 알아? 그거 할래?

정우   ?

소희   왜 있잖아. 땅에다가 그림 그려 놓고.

정우   ?

잠시 후. 벌떡 자리에서 일어나는 소희. 주머니 안에서 분필 하나를 꺼낸다.

잠시 후. 땅바닥에 금을 긋기 시작하는 소희.

정우, 그런 소희를 가만히 지켜본다.

소희   (한 발로 서서 시범을 보이며) 이렇게. 남의 땅은 건드리면
         안 되는 거야. 먼저 도착한 사람이 이기는 거야. 다 가질
         수 있어.

정우   ?

소희   할래?

어색한 미소를 짓는 정우, 고개를 끄덕인다.

잠시 후. 정우와 소희, 땅따먹기 놀이를 하고 있다.

두 아이의 실루엣 위로 해가 지고 있다.

#27. 고아원 마당/D

고아원 마당 한가운데. 땅따먹기 그림이 그려져 있다.

잠시 후. 미숙과 마리, 하얀 천에 담긴 부원장의 시체를 질질 끌고 어디론가 걸어

가고 있다.

잠시 후. 바닥에 그려진 땅따먹기 그림이 시체에 의해 한 줄로 지워진다.

잠시 후. 저 멀리 삽질을 하고 있는 미숙과 마리의 뒷모습이 쓸쓸히 보인다.

미숙과 마리, 하얀 천에 담긴 부원장의 시체를 땅에 묻는다.

잠시 후. 시체가 신고 있는 운동화 한 짝. 땅따먹기 어디엔가 벗겨져 있다.

잠시 후. 마리, 그런 운동화를 발견한다.

#28. 고아원 동산/D

동산 위에 오른 마리, 동산 밑 전경을 내려다본다.

그때. 나무 아래 놓인 기타를 발견하는 마리, 기타를 유심히 쳐다본다.

잠시 후. 기타에 적힌 어린아이의 글자가 보인다. '정우' 라고 쓰여 있다.

마리　　……

잠시 후. 어디 선가. 정우의 구슬픈 노랫소리가 들려오는 듯하다.

#29. 고아원 외경/N

밤이 깊었다.
어두워진 고아원 외경이 보인다.

#30. 고아원 원장실/N

메이크업을 지우는 미숙. 소름 끼칠 정도로 창백하다.
목 주변에 바른 파우더를 닦아 내는 미숙.
붉은 피멍이 든 자국이 드러난다. (밧줄로 목을 매었던 자국이다.)
잠시 후. 자리에서 일어나는 미숙, 복도로 걸어 나간다.

#31. 고아원 정문/N

담을 넘어 고아원 안으로 들어오는 정우와 소희, 조심히 어디론가 기어간다.
(서로 도와준다.)
잠시 후. 멀리 떨어진 곳에서 고아원 정문을 닫는 미숙이 보인다.
문을 잠그는 미숙.

#32. 고아원 동산/N

비밀 통로를 지나 누군가 파놓은 개구멍을 통과하는 정우와 소희.

고아원 내부로 진입한다.

그때. 어디선가 기타 소리가 들린다.

놀라는 정우. (자신이 엄마에게 불러 줬던 그 음악이다.)

그때.

소희　　(방향을 가리키며 속삭인다) 난 이쪽으로 가야 해.
　　　　　내일 학교에서 보자. 잘 자.

정우　　(미소로) …

소희　　(돌아보며) 아참, 오늘 일은 비밀이다. 아무한테도 말하면
　　　　　안 돼.

정우　　 (소극적으로) 응.

돌아서려다 멈칫.

소희　　아참.

소희. 주머니에서 무언가를 꺼낸다. 하얀 봉지다. (빵이 싸여 있던 봉지다.)

소희. 빵 봉지를 정우에게 건넨다.

정우. 봉지에 쓰인 글자를 읽는다.

식지 않고 뜨거울 수 있는 시간.(광고 글자)

손을 흔들며 어디론가 뛰어가는 소희.

정우, 그런 소희의 뒷모습을 바라본다.

흐뭇하게 미소 짓는 정우, 주머니에 빵 봉지를 접어 넣는다.

잠시 후. 정우, 결심한 듯 자신의 공간을 향해 걸어간다.

잠시 후. 언덕 위로 기타를 튕기는 마리를 발견한 정우,

두려운 눈으로 마리를 바라본다.

잠시 후, 정우, 방으로 돌아간다.

#33. 고아원 복도/N

싸늘하게 복도를 걷는 미숙.

아이들이 잘 자고 있는지 복도 창문을 통해 확인한다.

그때. 몰래 방 안으로 뛰어 들어가는 정우.

미숙, 그런 정우를 발견하고는 돌아본다.

#34. 정우 방/N

방으로 들어온 정우, 급히 방문을 닫는다.

그때. 방문 안으로 손을 들이미는 미숙, 정우가 닫으려던 문을 잡는다.

놀라는 정우, 창백한 미숙과 눈이 마주친다.

미숙의 목 주변으로 붉은 피멍 자국을 발견하는 정우, 또 한 번 놀란다.

미숙   (상냥하게) 이제 들어오니?

정우   ……

미숙   앞으로는 일찍 다니도록 해라. 늦은 시간에는 위험한
         일들이 많이 생기니까.

정우, 말하고 있는 미숙을 의심스럽게 보며 살며시 방문을 닫는다.
미숙, 정우의 방문에 끼워진 자물쇠를 빼낸다.
잠시 후. 방문 앞에 쪼그려 앉은 정우.
손에는 분필 하나가 들려 있다. (소희가 준 분필이다.)
닫은 문 사이로는 미숙의 목소리가 들린다.

미숙   정우야, 네 이름이 정우 맞지? 너가 가장 마지막에
         이곳에 온 아이라는 거… 잘 알고 있어.
         (진실로) 시간이 조금 걸리겠지만 나를 엄마로 생각해
         주는 날이 오길 바란다.

정우   ……

미숙   참… 그리고 내 딸아이가 너와 많이 친해지고 싶어 해.
         실은 그 아이가 몸이 좀 아파. 예를 들자면 그 아이 몸
         안에는 시계가 없는 거야. 시계가 영영 멈춰버린 거지.

정우   ?

미숙　　(뜸 들이다) 가끔 만화나 동화책에서의 일들이 현실로
　　　　일어날 때가 있거든? 그런 거라고 이해해 줄 수 있겠니?

정우　　……

미숙　　(정우의 반응을 기다리다가 고요히) 그럼, 잘 자렴.

미숙의 목소리가 사라질 때까지 분필로 바닥에 선을 긋는 정우.

잠시 후. 어디론가 걸어가는 미숙의 발걸음 소리가 의식적으로 들린다.

정우, 방문에 귀를 대고 발걸음이 사라질 때까지 기다린다.

잠시 후. 미숙의 발걸음이 사라지자 서서히 방문을 여는 정우.

그때. 방문 앞에 서 있는 한 여자. 마리다.

놀라 비명을 지르는 정우, 뒤로 자빠진다.

뒷짐을 지고 서 있는 마리. 무언가 숨기는 듯하다.

정우　　(두려워하며) 금… 넘어오지 마!!

방 안으로 들어오는 마리, 정우에게 다가간다.

금을 넘지 않고 앞에 서는 마리. 뒷짐을 지던 손을 풀어 숨겨 둔 물건을 꺼낸다.

깨끗한 새 운동화(커다란 성인 운동화)다.

새 운동화를 정우에게 건네는 마리.

정우, 운동화를 선뜻 받지 못한다.

잠시 후. 운동화를 금 안으로 밀어 넣는 마리.

잠시 후. 마리, 자신의 방으로 돌아간다.

정우, 돌아 걷는 마리의 뒷모습을 두렵게 바라본다.

#35. 고아원 원장실 /N

책상 위에 놓인 마리의 한글 공부 노트.

노트 위에 적혀 있는 글자가 보인다. '정우'다.

F.O

#36. 고아원 식당/D

다음 날. 햇살이 환하게 비추는 고아원 식당.

F.I

TV 안에서 올드한 빵 광고가 흘러나오고 있다.

잠시 후. 도마 위 생 고등어를 칼로 내려치는 미숙, 음악을 따라 허밍하고 있다.

잠시 후, TV 안에서는 뉴스가 흘러나온다.

(죽은 중년 여성(정우의 엄마)의 관한 뉴스다.)

리포터   나흘 전 폐암으로 사망한 중년 여성 장모 씨의 목에서
날카로운 동물의 이빨 자국으로 추측되는 상처가
발견되었습니다. 야생 동물 전문가의 의견으로는 송곳니
자국으로 보이는 이 동물의 이빨 자국은 덩치가 큰
개과이거나…

뉴스를 유심히 보는 미숙, 냉장고에서 피가 담긴 유리병을 꺼낸다.

잠시 후. 유리잔에 피를 따라 고상하게 마시는 미숙.

#37. 정우 방/D

정우, 등교 준비를 하고 있다.

가방을 챙기는 정우, 밖으로 나간다.

잠시 후. 정우의 방 한쪽 편에 마리가 선물한 성인 운동화가 보인다.

#38. 고아원 동산/D

개구멍 사이로 기어 나온 정우가 씩씩하게 일어나 옷을 턴다.

잠시 후. 정우, 언덕 위에 놓인 자신의 기타를 올려다본다.

가까이 다가가려는 정우, 이내 포기하고 돌아선다.

#39. 학교/D

등교하는 정우.

등교하는 학생들 사이로 소희가 보인다.

소희를 발견하는 정우. 반갑다.

정우   (소극적으로) 마리…야.

손을 흔드는 정우.

소희, 정우를 돌아보고 미소 짓는다.

소희   너랑 나랑 같은 반이래.

정우   (좋다) …

소희   우리 가족이네. 그러고 보니까.

싱긋 웃는 정우.

정우   (좋다) …

#40. 몽타주/D

교실.
수업을 듣고 있는 정우.
정우에게서 멀리 떨어진 곳에 앉아 수업을 듣는 소희도 보인다.
정우, 뒤돌아 소희를 본다.
정우와 눈이 마주치자 장난스레 웃는 소희.
정우도 피식 웃는다.

원장실.
옷장 문을 열고 밖으로 나오는 마리.
그 옆으로는 미숙이 쥐약을 뿌리고 있다.

고아원 복도.

아이들이 뛰어놀고 있는 복도 구석구석에 쥐약을 뿌리는 미숙.

정우의 방.

정우의 방문을 열고 안으로 들어가는 미숙. 방 구석구석에 쥐약을 뿌린다.

잠시 후. 정우의 방 안에 있는 새 운동화를 발견하는 미숙. 이상한 느낌이 든다.

잠시 후. 미숙의 뒤로 보이는 창가.

창밖으로는 동산이 보인다.

학교 교실.

교실 창가에 홀로 앉아 있는 정우.

쓸쓸히 창밖을 바라본다.

운동장에서 체육 수업을 받는 아이들을 지켜보는 정우. 동작을 따라해 본다.

잠시 후. 정우, 배가 고픈 듯 배를 움켜쥔다.

원장실.

마리, 석양이 지는 창가 맞은편에 앉아 한글 공부를 하고 있다.

계속해서 '정우'라는 글자만 적는 마리.

#41. 학교 교실/D

방과 후. 아이들 하나둘씩 가방을 챙겨 교실 밖으로 나간다.

정우도 가방을 챙겨 밖으로 나가려 한다.

그때. 정우의 눈앞에 서 있는 빵집 주인.

정우의 담임선생님과 함께 있다.

잠시 후. 정우를 발견한 빵집 주인. 정우를 향해 급하게 손가락질한다.

놀라는 정우. 피할 곳이 없음에 당황한다.

도망치려 하지만 금방 목덜미가 잡히는 정우. 울먹인다.

잠시 후. 빵집 주인과 정우를 발견한 소희. 당황한다.

책상 밑으로 몸을 숨기는 소희.

#42. 고아원 외경/N

밤이 깊었다.

고아원 문을 잠그는 미숙. 고아원 안으로 들어간다.

#43. 고아원 원장실/N

마리. 옷장에 누워 자고 있다.

잠시 후. 안으로 들어온 미숙. 옷장 문을 닫아 준다.

#44. 학교 외경/N

학교 외경이 보인다.

<u>담임V.O</u>   너가 훔쳤지?

#45. 학교 교실/N

호되게 뺨을 맞고 있는 정우.
얼굴이 퉁퉁 부어 있다.
눈물과 콧물로 범벅이 되어 있는 정우.

담임　어서 바른대로 말 안 해!?
　　　너가 훔치는 걸 똑똑히 봤다잖아.

정우의 주머니에서 나온 빵 봉지를 보이는 담임.

담임　(흥분하여) 이렇게 명확하게 증거가 있는데도 자꾸
　　　거짓말할래?!!!!

정우, 차마 말은 못 하고 고개만 절레절레 흔들고 있다.
잠시 후. 담임, 빵 봉지를 박박 소리 나게 찢는다.

정우　(안 돼) …!!!

담임　촌동네로 온 것도 서러워 죽겠는데…
　　　(소리친다) 너 때문에 내가 얼마나 쪽팔렸는 줄 알아?

잠시 후. 책상 밑에 숨어 있는 소희가 보인다.
다리에 쥐가 난 듯 아파하는 소희. 난감하다.

담임   어서 바른대로 말 안 해!

담임, 정우의 뺨을 또 한 번 내리친다.
이를 꽉 깨물고 고통을 참는 정우.

담임   너가 훔쳤지?

고개를 절레절레 흔드는 정우.

담임   (요것 봐라) 어디 한번 해 보자는 거야?
            그래. 어디 한번 해 보자.
            (분노를 참으며) 네 잘못을 알고 깊이 반성할 때까지
            (밖에 사자 동상을 가리키며) 너 한번 묶여 있어 봐.

공포에 흐느끼는 정우.

담임   내가 얼마나 고통스러웠는지 너도 느껴 봐!!

정우의 멱살을 잡고 복도로 끌고 나가는 담임.
정우, 울며 질질 끌려간다.

#46. 학교 복도/N

정우를 질질 끌고 복도를 걷는 담임.

정우, '제가 훔쳤어요, 선생님. 한 번만 용서해 주세요. 제가 훔쳤어요, 선생님.'을 외치며 담임에게 매달린다.

잠시 후. 못마땅한 담임. 정우를 계단 밑으로 집어 던지듯 밀친다.

계단 밑으로 구르는 정우, 고통의 비명을 지른다.

#47. 고아원 원장실/N

어디선가 들려오는 듯한 정우의 비명 소리에 급히 눈을 뜨는 마리.

#48. 학교 복도/N

바닥에 쓰러진 정우, 고통스러운 듯 소리를 지른다.

자신의 거친 행동에 약간은 당황한 담임.

담임　　　(당황한 듯 자리를 피하며) 그지 같은 자식.

담임, 급히 도망치듯 교실로 돌아간다.

잠시 후, 눈물 닦으며 힘없이 일어나는 정우, 절뚝거리며 밖으로 걸어 나간다.

#49. 학교 운동장/N

힘없이 운동장으로 걸어 나오는 정우, 훌쩍거리고 있다.

잠시 후. 사자 동상을 올려 보는 정우, 눈물이 나온다.

다시 걷기 시작하는 정우, 다리가 아파 휘청거린다.

그때. 정우의 눈앞에 서 있는 여자. 마리다.

잠시 후. 마리를 발견한 정우.

정우　　…!

마리를 보자 서러움이 올라오는 정우, 꺼이꺼이 소리 내어 울기 시작한다.

다리에 힘이 풀려 그 자리에 주저앉아 버리는 정우, 통곡한다.

마리, 그런 정우를 쓸쓸히 바라본다.

#50. 학교 교실/N

자리를 정리하는 담임. 짐 가방을 챙기고 있다.

그런 담임을 보는 누군가.

담임, 뭔가 불안한 듯 뒤돌아보지만 아무도 없다.

그때. 걸상이 덜컹거리며 흔들리는 소리가 난다.

급히 뒤돌아보는 담임.

책상 밑에 누군가 숨어 있음을 발견한다.

담임　　(당황) 거기 누구야?

조심스레 책상으로 다가가는 담임, 책상 밑을 내려다본다.

그때. 누군가 강아지를 부르듯 소리를 낸다.

담임, 소희를 발견하던 찰나에 소리 나는 쪽으로 돌아본다.

순간. 담임을 덮치는 누군가. 마리다.

<u>담임</u>　　　으악!!!!!

담임의 목덜미를 물어 피를 삼키는 마리.

비명을 지르며 괴로워하는 담임, 다리의 힘이 풀리며 쓰러진다.

잠시 후. 동공이 서서히 풀리며 숨이 끊기는 담임.

잠시 후. 마리, 죽은 담임의 멱살을 잡고 복도로 끌고 나간다.

(담임이 정우에게 한 것과 같이 질질 끌고 나간다.)

#51. 학교 복도/N

담임의 시체를 질질 끌고 복도로 나온 마리, 계단 앞에 멈춰 선다.

잠시 후. 담임을 계단 밑으로 집어 던지는 마리.

잠시 후. 담임, 처참한 모습으로 죽어 있다.

#52. 학교 교실/N

책상 밑에 숨어 있는 소희, 두려움에 바들바들 떨고 있다.

잠시 후. 주변을 둘러보는 소희, 아무도 없음에 안도의 한숨을 내쉰다.

소희, 조심스레 밖으로 빠져나가려다 걸상을 건드린다.

큰 소리를 내며 바닥으로 떨어지는 걸상.

놀란 소희, 자신의 입을 틀어막고 정지한다.

잠시 후. 교실 안에 정적이 흐른다.

잠시 후. 다시 밖으로 빠져나가려는 소희, 걸상 밑을 조심스레 기어간다.

그때.

마리V.O　　(음산하게) 마리야.

소희, 두려움에 바들바들 떨고 있다.

마리V.O　　(음산하게) 마리야.

마지막에 놓인 걸상 밑으로 고개를 들이미는 마리.

마리, 거꾸로 매달려 있다.

소희　　　으악!!!!!!!

묘한 표정의 마리.

소희의 비명 소리가 교실 전체에 울려 퍼진다.

#53. 학교 운동장/N

소희의 비명 소리에 급히 뒤를 돌아보는 정우.

그때, 운동장으로 걸어 나오는 마리를 발견한다.

온몸에 피가 묻어 있는 마리.

잠시 후. 사자 동상 밑에 쓸쓸히 앉아 있는 정우에게 다가가는 마리.

정우, 자신에게 가까이 다가온 마리를 올려다본다.

정우   (더 이상 마리가 두렵지 않다) …

마리와 정우, 서로를 바라본다.

잠시 후. 마리, 정우에게 조심스레 손을 내민다.

정우   …!

잠시 후. 조심스레 마리의 손을 잡는 정우. 마리가 두렵지 않은 표정이다.

잠시 후. 마리, 정우를 등에 업고 고아원으로 돌아간다.

#54. 고아원 식당/N

허겁지겁 밥을 먹는 정우.

그 맞은편으로는 미숙이 서 있다.

잠시 후. 밥 한 그릇을 더 주는 미숙.

정우, 넙죽 받아 허겁지겁 입에 집어 넣는다.

자신을 쳐다보는 미숙을 보며 미소 짓는 정우.

미숙   (정우가 의아하다) ?!

잠시 후. 정우의 옆으로 보이는 창가. 동산이 보인다.

플래시백〉고아원 동산.

정우를 업고 동산 위로 오르는 마리.

잠시 후. 동산 위에 도착한 정우와 마리. 멋진 동산 풍경을 감상한다.

멋진 풍경에 눈시울이 촉촉하게 젖은 정우.

그때. 마리, 기타를 튕기기 시작한다. 아름다운 연주다.

잠시 후. 정우, 마리의 무릎에 기대어 편안히 잠이 든다.

F.O

#55. 학교/D

기분이 한결 가벼워진 정우, 등교를 하고 있다.

F.I

씩씩한 걸음으로 운동장을 걷는 정우.

그때. 학생들이 사자 동상 주변에 몰려 있음을 발견하는 정우, 동상 가까이로 발걸음을 옮긴다.

잠시 후, 사자 동상에 묶여 있는 남자가 보인다. 죽은 담임이다.

<u>**정우**</u>　　　…!

잠시 후. 동상에 묶여 있는 담임의 시체.

TV 화면이 되어진다.

#56. 고아원 식당/D

TV 안, 뉴스가 흐르고 있다.

사자 동상에 묶여 있는 담임의 영상이 보도 자료로 보여지고 있다.

담임의 목덜미에 선명히 찍힌 두 개의 이빨 자국도 보여진다.

잠시 후. 뉴스를 보고 있는 미숙이 보인다.

미숙, 투명한 유리잔에 담긴 붉은 피를 들이킨다.

잠시 후. 냉장고를 여는 미숙. 냉장고 안에 넣어 둔 피가 담긴 유리병을 본다.

몇 병 안 남은 유리병.

미숙   ……

#57. 고아원 원장실/D

원장실로 돌아온 미숙, 마리의 옷장을 열어 본다.

의심스러운 눈으로 옷들을 살핀다.

미숙의 시선으로 보이는 마리의 옷들. 모두 깨끗하다.

잠시 후. 미숙, 옷장 안에서 잠을 자고 있는 마리를 발견한다.

조용히 문을 닫는 미숙.

#58. 고아원 동산/D

빨랫줄에 아이들의 빨래가 널려 있다.

그중 마리의 옷이 보인다.

바람에 흔들리는 마리의 옷.

#59. 학교 교실/D

수업 시간이다.

정우, 열심히 수업을 듣고 있다.

잠시 후. 정우, 소희의 자리를 돌아본다.

잠시 후. 정우의 시선으로 보이는 빈 소희의 자리.

정우　　　……

정우, 마음이 안 좋다.

잠시 후. 담담히 수업을 듣는 정우의 모습이 보인다.

#60. 고아원 운동장/D

고아원으로 돌아오는 정우.

고아원 아이들, 땅따먹기를 하고 있다.

잠시 후. 정우, 아이들에게 다가간다.

(시간 경과)

아이들과 신나게 뛰어노는 정우가 보인다. 전과는 다른 활기찬 모습이다.

잠시 후. 뜀박질을 멈추는 정우, 헐거운 운동화 끈을 고쳐 묶는다.

잠시 후. 행동을 멈추고 생각에 잠기는 정우.

정우　　　(운동화를 본다) ……

잠시 후. 정우, 급하게 방으로 뛰어 들어간다.

#61. 정우 방/D

방으로 들어오는 정우, 어디론가 걸어간다.

잠시 후. 마리가 선물한 운동화를 꺼내 보는 정우.

운동화를 신어 본다. (정우의 발에는 맞지 않는 커다란 운동화다.)

정우, 몸을 흔들어 억지 춤을 춰 보기 시작한다.

계속 자신 있게 춤을 춰 보는 정우, 땀을 흘려 가며 춤을 춘다.

잠시 후. 바닥에 분필로 그어 놓은 금이 정우의 발길질로 서서히 지워지고 있다.

(시간 경과)

〈자막− 십 년 후〉

춤을 멈추는 정우.

어느새 운동화가 발에 꼭 맞아 있다.

잠시 후. 정우의 모습이 드러난다.

늠름한 청년의 모습이다.

잠시 후. 넥타이를 고쳐 매고 밖으로 나가는 정우.

#62. 고아원 동산/D

기타 소리가 들려오는 고아원 전경.

잠시 후. 개구멍 사이로 기어 나오는 정우가 보인다.

동산을 올려다보는 정우.

그때. 정우 눈앞에 당연하게 나타나는 누군가. 마리다.

정우, 그런 마리를 보며 미소 짓는다.

마리의 머리를 쓰다듬는 정우.

마리의 머리가 헝클어진다.

마리, 그런 정우를 올려 본다.

〈1부 끝〉

2부

—

마리 이야기

#1. 정우 방/D

방으로 들어오는 정우, 어디론가 걸어간다.

잠시 후. 마리가 선물한 운동화를 꺼내어 보는 정우.

운동화를 신어 본다. (정우의 발에는 맞지 않는 커다란 운동화다.)

정우, 몸을 흔들어 억지 춤을 춰 보기 시작한다.

계속 자신 있게 춤을 춰 보는 정우, 땀을 흘려 가며 춤을 춘다.

잠시 후. 바닥에 분필로 그어 놓은 금이 정우의 발길질로 서서히 지워지고 있다.

(시간 경과)

〈자막- 십 년 후〉

춤을 멈추는 정우. 어느새 운동화가 발에 꼭 맞아 있다.

잠시 후. 정우의 모습이 드러난다.

늠름한 청년의 모습이다.

잠시 후. 넥타이를 고쳐 매고 밖으로 나가는 정우.

#2. 고아원 동산/D

기타 소리가 들려오는 고아원 전경.

잠시 후. 개구멍 사이로 기어 나오는 정우가 보인다.

동산을 올려다보는 정우.

그때. 정우 눈앞에 당연하게 나타나는 누군가. 마리다.

정우, 그런 마리를 보며 미소 짓는다.

마리의 머리를 쓰다듬는 정우. 마리의 머리가 헝클어진다.

마리, 그런 정우를 올려 본다.

#3. 고아원 원장실/D

장부 정리를 하고 있는 미숙.

새로 온 아이들의 이름과 다른 곳으로 입양된 아이들의 기록을 살핀다.

잠시 후. 넘겨지는 장부에는 어린 소희(김마리)의 기록도 보인다.

소희의 사진 옆으로는 '사고로 사망'이라는 글자가 쓰여 있다.

별 관심 없이 장부를 넘기는 미숙.

잠시 후. 마지막 장을 넘기자 드러나는 어린 정우의 사진.

잠시 후. 어린 정우의 사진을 떼어 성인의 사진으로 붙이는 미숙.

찝찝한 표정을 짓는다.

무용수V.O 원 투 쓰리 포… 원 투 쓰리 포…

#4. 무용실/D

하늘거리는 옷을 입고 무용하는 아이들이 보인다.

햇살 아래 반짝거리는 교사, 주현이다.

무용수가 소리 내는 박자에 맞추어 춤을 추는 아이들.

주현은 흐뭇하게 웃고 있다.

무용수   원 투 쓰리 포… 다시다시, 원 투 쓰리 포…

잠시 후. 창가에 서서 주현을 바라보고 있는 남자가 보인다. 정우다.
정우, 싱겁게 미소 짓다 어디론가 걸어간다.

#5. 봉사 시설/D

한국대학교 사회봉사학과 조끼를 입고 있는 정우, 아이들의 목욕을 시키고 있다.
다정한 목소리의 정우, 아이들과 대화하며 즐거운 시간을 갖는다.

#6. 봉사 시설 외부/D

흐르는 땀을 닦으며 야외로 걸어 나오는 정우.
그때. 정우의 눈앞으로 커다란 짐을 끙끙거리며 들고 오는 여자가 보인다.
(여자의 얼굴은 짐에 가려 보이지 않는다.)

정우   어!! 조심해요.

정우, 급히 달려가 짐을 받아 든다.
잠시 후. 드러나는 여자의 얼굴. 주현이다.

정우를 보며 미소 짓는 주현.

정우의 얼굴에 미소가 번진다.

정우   언제 왔어? 온다는 얘기 없었잖아.

주현   수업이 일찍 끝나서.

정우, 행복한 듯 씨익 웃는다.

정우   (짐을 보며) 뭐가 이렇게 많아.

주현   아… 아빠가.

정우   (놀라며) 전부 아버지가 보내 주신 거야?

주현   이렇게 많이 필요 없다는 데도 좀 그래서.
            어릴 때는 더 유난하셨어.
            이 정도면 많이 참으신 거야. (웃음)

행복하게 웃는 정우, 주현과 함께 다정하게 건물 안으로 들어간다.

#7. 봉사 시설 내부/D

커다란 짐을 풀어 보는 정우. 그 안에는 여러 종류의 빵이 들어 있다.
멈칫. 생각에 잠기는 정우, 회상에 젖은 듯 미소 짓는다.

정우　　……

잠시 후. 이내 정신을 차리고 아이들에게 빵을 나누어 주는 정우.
주현도 함께 한다.
잠시 후. 정우, 주현이 예쁜 듯 바라본다.

정우V.O　　이름은 김주현. 같은 학교 2학년인데 사회 봉사하다가
만나게 되었어.
주현이는 무용을 했대. 정말 근사해. 너한테도 보여 줄 수
있으면 좋겠다.

정우　　오늘 같이 저녁 먹을래?

주현　　(웃으며) 그럴까?

정우　　우리 집에서 먹자. 우리 어머니 음식 잘하셔.

주현　　?

정우   (웃으며 조심스레) 길러 주신 분을… 어머니라고 하는 게 맞는 거지…?

빵 나누어 주느라 정신없는 주현.

주현   (못 알아들은 듯) 응?

정우   그냥.. (태연하게) 같이 저녁 먹자구.

주현   (웃으며) 그래. 뭐 먹을까?

정우   (이) 우리 집에 가자. 뭐 보여 줄게.

주현   (웃으며) 오늘 기분 좋은 일 있어? 갑자기 왜 그렇게 신났어?

정우   음… (망설이다) 빵 보니까… 기분이 좋아졌어.

주현   (웃으며) 뭐야 그게..

싱긋 웃는 정우. 주현도 따라 웃는다.

열심히 아이들에게 빵을 나누어 주는 두 사람.

#8. 고아원 외경/N

밤이 깊었다. 고아원 전경이 보인다.

#9. 고아원 마당/N

고아원 마당.
전봇대의 전등이 고장 난 듯 깜빡이고 있다.
건장한 몸집의 남자 수리공, 전봇대 꼭대기에서 전선을 만지고 있다.
잠시 후. 전봇대 아래에서 수리공을 올려다보는 마리와 미숙.

미숙   매번 그렇게 깜빡거리다 꺼지더라고요. 전구를 바꾸실
         필요는 없어요. 며칠 전에 갈았거든요. 전구 문제는 아닌
         것 같아요.

수리공 여기까지 올라와서 갈으신 거예요? 어떻게
          올라오셨을까나. 이 높은 데를.

미숙   조심하세요. 전선들이 녹이 슬진 않은 것 같던데요.
         (이상한 냄새가 나는 듯 코를 킁킁거리며) 쥐가 있나 봐요.

그런 미숙을 쳐다보는 마리, 인상을 찌푸린다.
그때. 전선을 잘못 만진 수리공, 감전이 된 듯 동작을 멈춘다.

잠시 후. 미숙의 발밑으로 '툭' 떨어지는 수리공.

머리부터 떨어진 듯 피가 흐른다.

미숙과 마리. 두 사람 사이로 정적이 흐른다.

미숙   (뻔뻔스럽게) 정말이야. 쥐 냄새가 났어.

미숙, 수리공의 시체 앞으로 다가가 재빠르게 목덜미를 문다.

그런 미숙을 보는 마리, 조심스레 시체 앞으로 다가간다.

#10. 고아원 동산/N

동산에 오르는 정우와 주현.

정우, 주현의 눈을 가리고 있다.

잠시 후. 기타가 놓인 동산 꼭대기까지 오른 정우와 주현.

잠시 후. 정우, 손을 풀어 주현에게 동산 밑 풍경을 보여 준다.

정우   (손가락으로 고아원을 가리키며) 저기가 우리 집이야.

            어때… 근사하지…

행복하게 웃는 정우.

주현, 정우가 가리키는 쪽을 바라본다.

주현, 주변을 신기한 듯 둘러본다.

정우　　　근데… 또 배고프다. 그치?

피식 미소 짓는 주현.

#11. 고아원 원장실/N

거울을 보며 피 묻은 입술을 닦는 미숙, 화장도 지운다.

그 뒤로는 피 묻은 옷을 벗고, 새 옷으로 갈아입는 마리가 보인다.

잠시 후. 수리공의 시체를 커다란 봉지(천으로 만들어진) 안으로 넣는 마리와 미숙.

잠시 후. 피를 가득 담은 유리병을 냉장고에 담는 미숙.

잠시 후. 마리, 시체가 든 봉지를 질질 끌고 밖으로 나간다.

#12. 고아원 동산/N

동산에 앉아 있는 정우와 주현.

정우, 주현을 위해 기타를 퉁기고 있다.

어설프게 노래를 부르는 정우, 재미있는 가사를 붙여 가며 열심이다.

주현, 그런 정우를 보며 재미있어 하지만 어딘가 불안하다.

주변을 의식하는 듯한 주현.

잠시 후. 시체가 담긴 봉지를 질질 끌고 밖으로 나온 마리, 동산을 올려다본다.

잠시 후. 행복해 보이는 정우와 주현을 보고 있는 마리. 쓸쓸해 보인다.

잠시 후. 불안해하던 주현, 자리에서 일어난다. 함께 일어나는 정우.

정우   어디 불편해?

주현   (진지하게) 아니.. 불안해서. 집에 너무 늦을 것 같아.
        이제 그만 가 봐야겠어.
        (진심으로) 우리 아빠.. 집에 늦게 들어오는 거
        싫어하셔서…
        (미안한 듯) 내가 얘기했잖아. 유난하시다구. 미안해.

정우   (미안한 듯) 아니야. 내가 너무 오래 붙잡고 있었나 봐.
        미안해. 미안해. 빨리 가자. 데려다 줄게.

주현   아니야. 괜찮아.

기타를 벗으며 허둥지둥하는 정우.
잠시 후. 두 사람, 동산을 내려와 고아원 밖으로 나간다.
잠시 후. 그런 두 사람을 지켜보는 마리, 시체가 든 봉지를 들고 있다. 초라하다.

#13. 골목길/N

정우, 주현의 손을 잡고 골목길을 걷고 있다.
주현을 데려다 주는 정우.

주현   안 데려다 줘도 된다니까.

정우   밤길은 좀 위험하잖아.

주현   집 앞까지는 안 가도 돼.

정우   왜. 집에 들어가는 것까지 봐야지.

주현   아빠가…

정우   ?

주현   아빠가 보면… 안 돼서.

정우   ……?!!!

주현   좀 보수적이셔서. 아직은 좀 그래.
        미안해. 차츰 얘기해 볼게.

정우   아… 미안해. 거기까지는 생각을 못 했어. 미안해…

피식 웃는 주현, 정우의 손을 놓는다.

주현   그러니까 여기서부턴 혼자 갈 거야. 잘 가. 조심히 가.

정우, 주현을 보며 손을 흔들다 아쉽다는 듯 돌아간다.

그때. 돌아보는 주현.

주현   저기!

정우   (돌아보며) ?

주현   (조심스레) 아빠한테… 오늘… 얘기해 볼게.
             우리 만나는 거.

정우, 그런 주현을 보며 해맑게 웃는다.

그런 정우를 향해 손을 흔드는 주현, 집을 향해 달리기 시작한다.

정우, 주현이 멀어지자 돌아 걷는다.

잠시 후. 골목을 뛰어가던 주현, 힘이 든 듯 멈춰 선다.

숨을 고르다 다시 걷기 시작하는 주현.

잠시 후. 누군가 자신을 따라오는 것 같은 느낌의 주현.

불안한 듯 몇 번이고 뒤를 돌아보지만 아무도 없다.

겁이 나는 듯. 다시 달리기 시작하는 주현.

잠시 후. 주현, 집으로 뛰어 들어간다.

그때. 주현을 따라오던 누군가의 그림자가 전봇대 뒤로 숨는다.

주현을 따라오던 누군가. 정우다.

잠시 후. 주현의 방 불이 켜질 때까지 지키고 서 있는 정우.

잠시 후. 정우, 불 켜진 주현의 창가를 바라보며 노래를 흥얼거린다.

방금 전 불렀던 그 노래다.

F.O

#14. 고아원 원장실/D

옷장 문을 여는 미숙.

F.I

옷장에서 잠을 자고 있는 마리를 발견한다.

미숙, 조용히 옷장 문을 닫는다.

#15. 고아원 복도/D

복도 바닥 여기저기에 쥐약을 뿌리고 있는 미숙.

잠시 후. 복도로 걸어 나오는 정우, 미숙에게 인사한다.

그때. 어느새 나타난 마리, 정우의 눈앞에 당연하게 서 있다.

미숙, 그런 마리를 발견하고는 이상한 듯 원장실을 돌아본다.

잠시 후. 정우, 마리를 어린애 만지는 양 머리를 쓰다듬는다.

헝클어진 마리의 머리카락.

정우　　　(마리의 귀에 속삭이듯 웃으며) 나 지금 데이트하러 가.

씩 웃는 정우, 허밍하며 밖으로 나간다.

헝클어진 마리의 머리카락.

마리, 그런 정우의 뒷모습을 바라본다.

잠시 후. 그런 정우의 뒷모습을 싸늘하게 보고 있는 미숙.

쥐약을 다 뿌린 듯 약통의 뚜껑을 닫는다.

미숙이 돌아보자 마리는 어디 가고 없다.

원장실로 향하는 미숙.

미숙V.O   (싸늘하게) 처음부터 기분이 나빴어.

          쥐 냄새가 났어. 굶은 냄새 같은 거.

#16. 고아원 원장실/D

미숙, 옷장 문을 연다.

아무 일 없는 듯 옷장 안에서 잠을 자고 있는 마리가 보인다.

미숙   언제부터야?

미숙, 냉정하고 싸늘한 표정이다.

마리   …

미숙   그 아이… 어디까지 알고 있어?

마리   …

미숙   나를 바보로 알아?

마리   …

미숙   어디까지 알고 있어?! (싸늘하게) 그 아이!

마리   ?

미숙   정우!!!

마리, 슬며시 눈을 떠 미숙을 본다.

미숙   다 알고 있지?

마리   …

미숙   전부 다!

마리   …

미숙   (배신감에 부들거리며) 왜지?

마리   …

두 사람 사이로 정적이 흐른다.
그때. 묘한 미소를 짓는 미숙.

미숙   너… 아직도…

마리   …

미숙   인간을 믿어?

마리, 다시 눈을 감는다.
미숙, 배신감에 거칠게 마리의 옷장 문을 닫는다.

#17. 카페/D

주현을 기다리는 정우, 초조한 듯 시계를 훔쳐본다.
잠시 후. 카페 안으로 주현이 들어온다.
커다란 선글라스를 쓰고 있는 주현.
정우의 표정이 굳는다.

#18. 카페/D

마주 보고 앉아 있는 정우와 주현.
정우, 걱정되는 표정으로 주현을 바라본다.
선글라스를 벗은 채 씩씩하게 밥을 먹는 주현의 뒷모습.
잠시 후. 누군가에게 맞은 듯 시퍼렇게 피멍이 들어 있는 주현의 얼굴이 드러난다.

평소와 태도가 다른 주현.

정우   (조심스레) 그러니까… 아버지가 그러신 거란 말이지..?

주현   (개의치 않아 하며) 종종 그래.

당황하는 정우, 물만 들이킨다.

정우   (조심스레) 왜… 그런 건데?

주현   (어색한 미소로) … 글쎄..

정우   (약간 화가 난 듯) 왜?

주현   (이) 사랑해서. 사랑하니까 그런 거래.

정우   (이) 말이 되는 소리를 해!

주현   (이) 말이 안 될 게 뭔데.

한숨 쉬는 정우, 답답한 듯 또 다시 물만 들이킨다.
씩씩하게 밥을 먹는 주현. 담담하다.

정우   (조심스레).. 어제 늦게 들어가서 그런 거야?

주현   그럴지도.

정우   (흥분을 가라앉히려) 그렇다면.. 미안해. 다음부터 그런 일
        없도록 할게. 너 늦게 안 보낼게. 미안해.

주현   (딴청 부리듯) 정우 씨, 여기 너무 맛있다.
        이거 한번 먹어 봐.

정우   ……

주현   (미소로) 뭐 그리 심각해. 바보같이.

마치 딴 사람처럼 구는 주현.
정우. 그런 주현이 당황스럽다.

정우   (조심스레) 손찌검은… 너무 심하셨어. 가혹하셨어.

주현   (고요하게) 정우 씨.

정우   …?

주현   (냉정히) 사람이 그래.

정우   ?

주현   사랑하면… 상처를 내기도 하고 그래.

정우   ?

주현   본의 아니게 그래.

정우   …

주현   (싸늘하게) 꼭 때리는 것만이.. 상처를 내는 건 아니잖아.

정우   …

주현   정우 씨는 누구한테 상처 준 적 없구나.
        상처 받아 본 적도 없었어?

정우   …

주현   다… 본의 아니게 그렇게 될 때가 있는 거라구.

정우   …

주현   (미소로 싸늘하게) 사람이 그래. 정우 씨.

정우   !

사랑은 죽었다.

시간은 죽었다.

#19. 고아원 동산/D

햇살이 환하게 비추는 동산.

미숙, 빨래를 널고 있다.

잠시 후. 정우의 커다란 셔츠를 들고 서 있는 미숙, 유심히 정우의 셔츠를 본다.

잠시 후. 커다란 정우의 셔츠를 빨랫줄에 너는 미숙.

#20. 거리/D

신호등 앞에 서 있는 정우와 주현.

두 사람 어색한 듯 멀찌감치 떨어져 서 있다.

정우의 시선으로 보이는 빨간 신호등.

정우　　(조심스레) 혹시… 정말 혹시 말인데..

　　　　　　나 만난다고 말씀드렸다가… 그렇게 된 건… 아니지…?

그때.

주현　　(냉정하게) 이쯤에서 헤어지자.

정우　　?

주현　　여기서 그만두자고.

정우   ?

주현   (냉정하다) 나는 다 그만둘 거 같아. 학교두.

정우   (믿기지 않는 듯) 주현아……

주현   (이) 어. 맞아. 우리 만난다고 했다가 이렇게 됐어.
        (미소로) 아빠가 그러더라. 정우 씨랑 뭐 먹고살 거냐고.

정우   …

주현   (냉정하게) 정신이 확 들었어.
        정우 씨랑 평생 빵만 먹고살 순 없는 거잖아.

정우   …

주현   평생… 봉사만 할 순 없잖아.

정우   …

주현   그렇지?

정우, 눈물이 나려 한다,

주현   (싸늘한 미소로) 정우 씨… 고아잖아. 물려받을 재산 같은
        것도 없잖아. 그러면서… 나랑 결혼하려고 했어? 그
        꼴루?

정우   ……

주현   (냉정히) 일부러 상처 주려는 건 아니야.
        이제 우리 현실을 말할 때가 되었으니까.

정우   (가슴이 아프다) …

주현   이것 봐. 본의 아니게.
        (냉정한 미소로) 이러잖아.

정우   …

주현   내 얼굴 이렇게 만들었어도…나한테… 우리 아빠,
        내 가족… 제일 소중해.

정우   ……(아프다)… 알아…

주현   (고요히) 내 가족이… 내 인생이야.

그때. 신호등의 불이 녹색으로 바뀐다.

주현   잘 지내.

신호등을 건너는 주현.

빳빳이 굳어 있는 정우. 눈물이 나려 한다.

잠시 후. 정우에게서 주현이 멀어진다.

정신을 차리는 정우, 주현을 잡으려 한 발씩 걷기 시작한다.

그 순간. 달려오던 자동차, 정우를 들이박는다.

순식간에 날아가는 정우의 몸뚱이.

잠시 후. 사람들, 비명을 지른다.

뒤돌아보는 주현, 표정이 굳는다.

주현   …!

#21. 고아원 동산/D

아이들의 빨래가 빨랫줄에 널려 있다.

그때. 정우의 커다란 셔츠가 멀리멀리 날아간다.

#22. 고아원 원장실/D

옷장 안에 자고 있던 마리, 급하게 눈을 뜬다.
F.O

#23. 병실/N

침대에 누워 있는 정우, 피가 모자란 듯 수혈을 받고 있다.
창가에 앉아 기타를 튕기는 마리. (첫 씬과 비슷한 광경이다.)
정우에게 수혈되는 피를 바라보고 있다.
잠시 후. 정신을 차리는 정우, 창가에 앉아 기타를 튕기는 마리를 발견한다.
잠시 후. 정우의 눈에서 뜨거운 눈물이 흐른다.

#24. 병원 복도/N

정우의 병실 문 앞. 주현이 기대어 서 있다.
생각에 잠긴 주현, 어디론가 걸어간다.

#25. 병실/N

정우, 눈물을 닦고 씩씩하게 몸을 일으킨다.

아픈 듯 인상을 찌푸리는 정우.

정우   (마리를 향해 태연히) 부모님이 좀 보수적이셨나 봐.

　　　　혼란스러웠을 거야. 본인도…

　　　　(고요히) 많이 놀랐을 거야. 걱정돼. 정말 놀랐을까 봐.

창밖을 내려다보며 기타를 튕기는 마리.

마리의 시선으로 보이는 주현, 밖으로 걸어 나온다.

갈 곳 없이 서성이는 주현.

쓸쓸해 보인다.

정우   난 당분간 여기 있어야 하나 봐.

　　　　(웃으며) 겉은 멀쩡한데…

　　　　그래도 의사선생님 말 들어야겠지..?

　　　　(조심스레) 혹시 말이야… 혹시… 만약에 말이야..

　　　　나… 너한테 어려운 부탁 하나 해도 될까?

마리   …

정우   (멋쩍게) 부탁 같은 거. 처음이지…?

　　　　내가 몸이 불편해서 그래… 들어 줘.

마리   …

(시간 경과)

정우, 침대 위에 누워 있다.

정우　　(마리를 향해) 음… 음… 뭐라고 쓰면 좋을까.

잠시 후. 정우 대신 종이 위에 글자를 적고 있는 마리가 보인다.

#26. 무용실/N

어두운 무용실 한가운데서 격렬한 음악에 맞춰 춤을 추고 있는 주현.
주현의 얼굴에서 거칠게 땀이 흐른다.
잠시 후. 자리에 털썩 주저앉는 주현.
몸을 웅크리며 괴로운 숨을 쉰다.
쓸쓸해 보인다.
F.O

#27. 대학교/D

대학교.
조교에게 서류를 받아 가는 주현. 사표다.
F.I

주현   (서류를 움켜쥐며) 고맙습니다.

조교   어디로 갈 거야?

주현   (미소로) 차차 정해 봐야죠.

조교   몸 조심해. 혼자 가는 여행이 늘 좋은 것만은 아니니까.

주현   (웃으며) 네. 조교님도 건강하세요.

조교   잘 가. 연락하고.

주현   네. 먼저 가 보겠습니다.

조교   아참. 정우 씨는 좀 괜찮아진 거야?
           주현 씨가 안부 좀 전해 줘.

주현   네. 그럴게요.

주현, 조교에게 목례를 하고는 어디론가 쓸쓸히 걸어간다.

#28. 골목길/D

홀로 골목을 걷는 주현, 누군가 자신을 따라오는 듯한 느낌을 받는다.
뒤를 돌아 주변을 살피는 주현. 아무도 없다.

#29. 주현 집/D

주현의 집, 문이 열려 있다.
의아한 주현, 집 안으로 조심스레 들어온다.

주현 다녀왔습니다.

조용한 주현의 집 안.
이상한 느낌의 주현, 집 안을 둘러본다.

주현 (아빠의 방으로 걸어가며) 아… 빠…?

고요한 주현의 집 안.
불안해지는 주현, 아빠의 방 앞으로 걸어간다.

주현 (방문을 두드리는 주현) 방에 안 계세요?
저 좀 들어갈게요.

방문을 여는 주현.

잠시 후. 주현, 의자에 앉아 있는 아빠를 발견한다.

안도의 한숨을 내쉬는 주현, 아빠에게 다가간다.

주현   뭐하세요? 안 계신 줄 알았어요. 집이 너무 조용해서.

주현, 아빠의 어깨 위에 손을 올리자 그대로 쓰러지는 주현의 아빠.

놀라는 주현, 빳빳하게 굳는다.

주현 아빠의 목에 두 개의 이빨 자국이 선명하게 찍혀 있다.

주현의 굳은 뒷모습. (플래시백이 빠르게 스친다.)

플래시백) 학교 교실.

마리에게 목덜미를 물린 채 비명을 지르는 담임.

잠시 후. 바닥에 죽은 채 쓰러지는 담임.

책상 밑에 숨어 있는 소희와 눈이 마주친다.

담임 목에 선명히 찍힌 두 개의 이빨 자국.

입을 틀어막는 소희. 두려움에 떨고 있다.

마리V.O   마리야!

잠시 후. 어디론가 질질 끌려가는 담임.

플래시백)학교 교실.

책상 밑으로 얼굴을 들이미는 마리. 거꾸로 매달려 있다.

마리V.O   마리야!

비명을 지르는 소희. 도망치려 몸부림친다.

그때. 마리, 가볍게 소희를 한 손으로 들어 올린다.

마리의 손에 대롱대롱 매달려 있는 소희. 두려움에 바들바들 떨고 있다.

마리, 갸우뚱한 표정으로 소희를 바라본다.

흑흑 소리 내며 우는 소희.

insert> 교실.

소희의 빈자리를 돌아보는 정우.

소희의 쓸쓸한 책상 위, '김마리'라는 이름 세 글자가 선명하게 적혀 있다.

플래시백> 원장실.

미숙이 장부를 뒤지고 있다. 고아원 장부가 넘어가며 보이는 소희의 사진 옆으로

'김마리, 사고로 사망'이라는 글자가 보인다.

묘한 표정의 미숙.

주현V.O   그날 이후 '마리'라는 그 아이는 죽은 거야. 사고로.

insert> 고아원.

고아원으로 돌아온 소희.

잠시 후. 소희의 시선으로 보이는 고아원 동산.

마리의 무릎에 누워 잠든 어린 정우가 보인다.

소희, 힘없이 어디론가 걸어간다.

insert> 새로운 가정에 입양되는 소희.

무용을 배운다.

<u>주현V.O</u>　　그 어린 날의 내가… 나를…!! 몇 번이나 죽이고
　　　　　싶었는지 알아?

#30. 고아원 동산/N

개구멍을 찾아가는 주현, 자연스럽게 구멍 안으로 기어 들어간다.

고아원 내부로 진입한 주현. 감회가 새롭다.

잠시 후. 동산을 올려다보는 주현.

<u>주현V.O</u>　　그 불행한 아이는 내 스스로 죽인 거야.

#31. 고아원 동산/N

동산에 오른 주현.

잠시 후. 나무 뒤에서 '슥' 나오는 마리.

유리컵에 담긴 피를 여유롭게 마신다.

<u>주현</u>　　　…!

#32. 병실/N

목발을 짚고 일어서는 정우, 옷 짐을 챙기고 있다.
건강해진 듯 미소 짓는 정우.

주현V.O   살기 위해서 나를 죽였어.
이름도 바꾸고, 가족도 만들었어.
남들처럼 보란 듯이 살기 위해서.
이제 배고프지 않고, 창피하지 않고, 손가락질 받지
않으면서 살 수 있었어.
이 지긋지긋한 곳에서 떠날 수 있었는데…

#33. 고아원 동산/N

마리와 마주 보고 서 있는 주현.
잠시 후. 주현, 마리를 보자 눈물이 난다.
마리, 그런 주현을 바라본다.

주현   너만 만나지 않았어도.. 나 그럴 수 있었어!
왜 하필 너야!! 왜!!

잠시 후. 주현의 손에 들려 있는 편지가 보인다.
(정우가 불러 주는 대로 마리가 받아 적은 편지다.)

잠시 후. 주현, 편지를 갈기갈기 찢어 하늘로 날려버린다.

벚꽃처럼 흩날리는 편지 조각들을 바라보는 마리.

주현의 머리 위로 편지 조각들이 흩날린다.

F.O

#34. 기차역/D

목발을 한 정우, 기차역 벤치에 앉아 주현을 기다린다.

F.I

잠시 후. 정우를 향해 걸어오는 주현이 보인다.

주현   (어색하지만 아무렇지 않은 척) 무리하는 거 아니야?

정우   (눈물이 맺힌다) …보고 싶었어.

냉정한 미소를 짓는 주현, 정우의 시선을 피한다.

주현   (눈물을 참으며) 나… 정우 씨 마중 나온 거 아니야.

정우   …

주현   나 이제.. 진짜 혼자가 됐거든. 아무것도 없어.
               빈털터리야.

정우   …!

주현   당신하고 다를 게 없어. 이제.

정우, 주현의 말에 당황한다.

정우   (설마 하는 마음으로) 아버지는…

주현   (아무렇지 않은 듯) 돌아가셨어. 얼마 전에. 그래 버렸네.

정우, 불안한 얼굴이다.

주현   …그래서.

정우   …

주현   내가 이 꼴이 되어버려서..

정우   …

주현   우리 못 살아. 절대로 못 살아.

정우   …!

주현   나도… 살아야 하잖아.

정우   …

주현   나도.. 숨 좀 쉬자.

정우   …

주현   (눈물 참으며) 기차 시간 다 됐다. 몸 조심해.
            아프지 마. 그러지 않았으면 좋겠어. 갈게.

정우   …!

주현, 뒤돌아 걷는다.

정우   (눈물 참으며) … 가지 마.

주현, 못 들은 척 독하게 걷는다.
정우, 그런 주현을 따라 걷는다.
절뚝거리는 정우, 위험해 보인다.

정우   가지 마… (소리치는) 가지 마! 마리야!!

'마리'라는 말에 놀라 멈추는 주현.

정우   다 알아. 다 알아. 나… 괜찮아… 괜찮아…
           그러니까 가지 마…! 가지 마, 마리야!!!

주현, 참는다.

다시 독하게 걷는 주현.

잠시 후, 기차 위에 올라타는 주현.

#35. 기차역/D

정우, 목발을 짚고 비틀거리며 기차에 탄 주현을 찾는다.

소리 내어 흐느끼기 시작하는 정우.

잠시 후, 기차가 출발하기 시작한다.

점점 더 허겁지겁 주현을 찾는 정우.

눈물로 범벅이 되어 있다.

잠시 후, 기차가 떠난다.

기차를 따라 비틀거리며 달리는 정우, 목발에 걸려 넘어진다.

정우   (울부짖으며 소리친다) 가지 마… 가지 마!!!!!

초라한 정우.

#36. 고아원 동산/D

고아원 안으로 힘없이 걸어 들어오는 정우, 동산을 올려다본다.

잠시 후. 정우, 동산 위로 올라간다.

그때. 어디선가 바람이 불어온다.

잠시 후. 정우의 발밑으로 종이 조각들이 흩날린다.

정우의 발밑으로 밟히는 종이 조각들. (찢겨진 편지 조각들이다.)

자신의 편지임을 눈치채는 정우. 화가 난다.

잠시 후. 땅따먹기 그림 한가운데까지 걸어간 정우. 비참하다.

거칠게 고아원 안으로 들어가는 정우.

#37. 정우 방/D

거칠게 방으로 들어온 정우, 분필로 바닥에 금을 긋기 시작한다.

화가 난 듯 반복해서 금을 긋는 정우.

잠시 후. 분노의 찬 정우, 윽박지른다.

울부짖는 정우.

#38. 고아원 외경/N

어두워진 동산.

정우의 기타가 쓸쓸히 보인다.

우린 죽었다. 오백 년 전에.

우리는 죽음과 동시에 다시 살게 되었다.

#39. 고아원 외경/N

닫힌 고아원 정문.

#40. 고아원 원장실/N

미숙, 여느 때처럼 화장을 지우고 있다.
미숙, 닫힌 옷장을 보며 말한다.

미숙　　너가 한 일이라는 거 알고 있었어.

마리　　…

미숙　　뭘 어쩌겠다는 생각은 아니었겠지.
　　　　한두 번 겪은 일도 아니고.

마리　　…

미숙　　본의 아니게 그렇게 되어버렸겠지.

마리　　…

미숙　　알아. 인간들은 다 그러니까.

다 그렇게 일을 크게 만드니까.

마리　　…

미숙　　조만간 여기를 떠나야 할 것 같아.
　　　　마을 사람들이 의심하기 시작했어.
　　　　여기 온 지 십 년이 지났는데. 너가 너무 말짱하게
　　　　어린아이의 모습을 하고 있잖아? 누가 봐도 이상할 거야.
　　　　발달장애는 좀 가혹했지?

마리　　…

미숙　　어디로 갈래?

두 사람 사이로 정적이 흐른다.

미숙　　(차갑게) 정리해.

마리　　…

잠시 후. 옷장 문이 열리며 안에서 나오는 마리.
잠시 후. 마리, 복도로 걸어 나간다.
미숙, 그런 마리를 바라본다.

#41. 고아원 복도/N

복도를 걷는 마리. 정우 방으로 향하고 있다.

#42. 정우 방/N

방문을 열고 안으로 들어가는 마리.
바닥에 선명하게 그어진 금을 발견한다.
금 앞에서 발걸음을 멈추는 마리.
금 앞에는 마리가 선물한 운동화도 놓여 있다.
그때. 어둠 속에서 정우의 형체가 희미하게 보인다.

정우   너가 죽였어?

마리   …

정우   주현이 아버지… 너가 죽인 거야?

마리   …

정우   (억누르며) 왜 그랬어. 왜!!!

마리   …

정우   얼마나 날 더 비참하게 만들래…?

마리   …

두 사람 사이 정적이 흐른다.
그때.

정우   꺼져.

마리   …!

정우   (옥박) 꺼지라니까!!!

잠시 후. 뒷걸음질 치는 마리.
다시 복도로 걸어 나간다.

#43. 고아원 복도/N

정우 방 앞에 쪼그려 앉는 마리.
어깨를 감싸 안은 채 생각에 잠긴다.

마리Na   우린 죽었다. 오백 년 전에.
           우리는 죽음과 동시에 다시 살게 되었다.

잠시 후. 마리, 잠에 든다.

마리Na　　인간의 모습으로 인간을 들여다보고, 인간을 기생하는
　　　　　거머리로.

(그 상태로 시간이 흐른다.)
며칠 동안 꿈쩍도 하지 않은 마리. 고목나무처럼 말라 가고 있다.
잠시 후. 그런 마리를 바라보는 미숙. 싸늘한 얼굴을 하고 있다.

미숙　　　……

미숙, 원장실로 돌아간다.
굳어 있는 마리의 모습 위로.

마리Na　　우리는 죽은 날의 모습을 기억한다.
　　　　　지금의 모습이 바로 그때, 그날의 모습이다.

#44. 고아원 원장실/N

미숙, 생각에 잠겨 있다.
미숙의 손에 들려 있는 마리의 한글 노트.

#45. 고아원 복도/N

그 상태를 유지하고 있는 마리가 보인다.

잠시 후. 마리를 스쳐 지나가는 여자. 미숙이다.

미숙, 정우 방문을 열고 안으로 들어간다.

잠시 후. 꿈쩍도 하지 않은 채 굳어 있는 마리가 쓸쓸히 보인다.

#46. 정우 방/N

미숙, 정우 방 안으로 들어온다.

정우, 침대에 누워 있다.

마리처럼 초췌해진 정우. 슬픔에 젖어 있다.

잠시 후. 조심스레 미숙을 올려다보는 정우.

#47. 정우 방/N

정우와 미숙, 등 돌린 채 의자에 앉아 있다.

두 사람 사이로 정적이 흐른다.

잠시 후. 정우의 지친 얼굴을 살피는 미숙, 정우의 머리를 한 번 만진다.

정우, 그런 미숙을 올려다본다.

미숙   딸아이가 있었어. 저만한.

정우   …

미숙   죽었어. 저만할 때.

정우   …

미숙   그날… 나도 죽었지. 스스로 목을 매었어.

정우   …

미숙   내가 죽은 후에… 쥐새끼들이… 내 죽은 딸아이를
        갉아먹었어. (미소로) 그래서 내가 쥐를 싫어하지.

자신의 목을 쓰다듬는 미숙.

미숙   죽기 전까진… 이렇게 다시 살아나 인간을 기생하고
        살 줄 몰랐어. 그게 벌써 오백 년 하고도 십 년이 더
        지나버린 이야기라 어디서부터 어떻게 말을 꺼내야 할지
        모르겠다.

정우   …

미숙   어쩌다 보니 이런 삶을 살게 되었다. 처음부터 내가 원한
        일은 아니었어. 어쩌다 보니. (1부 #18. 같은 톤)

정우   …

미숙   (담담히) 우린 너희와 달라. 아주 차가워.
　　　　그렇게 받아들이면 돼.

정우   …

미숙   저 아이도 나와 비슷한 시기에 쉽지 않은 선택을 했을
　　　　거라 생각한다.

정우   …

미숙   널 믿어서 하는 얘기라고 생각하지는 마.
　　　　(의미심장하게) 난… 널 아주 쉽게, 죽일 수도 있어.

#48. 고아원 복도/N

미동 없는 마리.

#49. 정우 방/N

미숙과 정우. 두 사람 사이로 정적이 흐른다.

정우   ···

미숙   ···

정우   (슬픈 눈으로) ···죽여 주실 수 있다면··· 그렇게 해 주세요.

미숙   ···?

정우   (힘겹게) 그러실 수 있다면서요.

미숙   ···

정우   ··· 그래 주세요.

냉정을 되찾으려는 미숙.

미숙   모든··· 처음이라는 것은 달콤하지만은 않지.

자리에서 일어나는 미숙.
잠시 머뭇거리다 작은 알약 통을 꺼낸다. 쥐약이다.

정우   (알약 통을 보며) ···!!!

미숙   (냉정을 되찾으려 하며) 죽을 만큼 아플 거다.
            어쩌면 지금처럼 그럴 거야.

한 알만 먹어도 내장이 다 녹아버리니까.

정우　　(알약 통을 받으며) …!

미숙　　…

미숙, 밖으로 나가려 한다.
그때.

정우　　(눈물이 고인다) 고맙습니다.
　　　　그동안… 무사히 저를… 지켜 주셨어요.
　　　　(힘겹게) ..어머니.

미숙　　…!

정우　　그때요. 그날요. 밥이 정말 맛있었어요.
　　　　정말 잊지 않을 거예요. 여기가 제 집이라는 것도.

미숙　　…

정우　　(눈물이 고인 채 약통 보며 두려움에) …많이… 힘들겠죠…?

미숙　　…

미숙. 냉정한 표정을 유지하려 한다.

밖으로 걸어 나가려는 미숙. 잠시 생각에 잠긴다.

잠시 후. 정우에게 마리의 한글 노트를 전해 주는 미숙.

정우   ?!

미숙   네 이름은 정우지. 내 이름은 알고 있니?

정우   ?

미숙   마리야.

정우   ?!!!

미숙   그 아이 이름도 알려 줄까?

정우   (불길하다) ?!!!

미숙   (또박또박) 마.리.

미숙, 슬프게 미소를 짓는다.

정우. 혼란스러움에 너무도 비참하다.

정우를 외면하는 미숙.

미숙	익숙해졌어. 모든 게. 사는 것도. 죽는 것도.

정우	…

미숙	그게 조금…

정우	…

미숙	(미소로) 서글프지.

미숙, 복도로 나간다.
잠시 후. 정우, 마리의 한글 노트를 조심스레 펼쳐 본다.
'안녕히'라는 글자가 쓰여 있는 마리의 노트.
넘기고 넘기자 나오는 글자. '정우'다.
온통 '정우'다.
눈물이 터지는 정우.

#50. 고아원 복도/N

복도로 걸어 나오는 미숙.
꿈쩍도 하지 않는 마리의 앞으로 간다.
마리의 머리를 한 번 쓰다듬는 미숙.

미숙   (귓속말로 싸늘하게) 너의 마지막 그날도… 똑같았을 거다.
지금처럼.
(싸늘한 엄마 미소로) 불행하게도 너는 아무것도 변하지
않는구나. 그리고 이 불행을 반복하게 될 거야.

마리   …

미숙   괜찮아. 계속 내가 얘기해 줄 테니까.

일어나는 미숙, 발걸음을 옮긴다.
쓸쓸하게 홀로 남겨진 마리.
잠시 후. 문 앞으로 걸어 나오는 정우, 문에 기댄 채 마리를 바라본다.

#51. 고아원 복도/N

정우, 마리를 바라보고 있다.
꿈쩍도 하지 않는 마리.
정우, 주현에게 불러 줬던 노래를 흥얼거린다.
쓸쓸한 두 사람의 전경이 오랫동안 보여진다.
잠시 후. 손바닥으로 바닥에 그어진 금을 지우는 정우가 보인다.
천천히 운동화를(마리가 준) 신는 정우, 마리의 옆으로 다가와 앉는다.
마리와 똑같은 자세로 앉는 정우, 마리의 어깨에 얼굴을 기댄다.

정우   (고요히) 마리야… 안녕…

F.O

#52. 고아원 동산/D

따스한 햇살이 동산을 밝히고 있다.

#53. 고아원 복도/D

쪼그려 앉은 마리의 곁에 쪼그려 앉은 정우가 보인다.

두 사람 위로 따스하게 햇살이 스며든다.

잠시 후. 마리에게 기댄 정우의 고개가 힘없이 바닥으로 '툭' 떨궈진다.

그때. 굳어 있던 마리의 몸이 움직이기 시작한다.

잠시 후. 힘겹게 눈을 뜨는 마리.

바닥에 금이 지워져 있음을 발견한다.

마리의 시선으로 보이는 정우의 발. 신발이 보인다.

잠시 후. 천천히 정우 쪽으로 고개를 돌리는 마리.

자신에게 기대어 쓰러진 정우를 본다. 움직이지 않는 정우.

이상한 느낌의 마리. 손을 뻗어 정우의 고개를 들어 보인다.

그때. 정우의 입가에서 한줄기 핏물이 흐른다.

잠시 후. 정우의 손에 들려 있는 알약 통이 보인다. 쥐약이다.

마리   …!

마리, 정우의 입에서 흐르는 피를 보고 있다.

마리   …!!!

잠시 후. 정우에게 다가가 입을 맞추는 마리.

정우의 입가에서 흐르는 피를 마시기 시작한다.

소리 내어 정우의 피를 마시는 마리.

잠시 후. 마리의 입술과 목을 타고 정우의 피가 흐른다.

마리Na   나의 시간은 죽었다. 나의 사랑은 죽었다.

#54. 고아원 동산/D

자신보다 훨씬 큰 정우를 업고 걷는 마리.

동산 위를 힘겹게 오르고 있다.

잠시 후. 꼭대기에 오른 마리, 정우를 내려놓는다.

잠시 후. 기타를 튕기는 마리.

정우는 마리의 무릎에 기댄 채 포근히 죽어 있다.

(시간 경과)

홀로 앉아 있는 정우의 시체. 기타를 매고 있다.

잠시 후. 정우의 무릎 위에는 편지 한 장이 놓여 있다.

(정우를 대신해 마리가 쓴 편지다– 찢겨진 편지 조각들이 섬세하게 테이핑 되어 있다.)

잠시 후. 누군가 동산 위로 올라온다.

죽은 정우 앞으로 걸어가는 누군가.

주현이다.

주현　　!

마리를 찾는 듯 주변을 둘러보는 주현.

마리는 어디 가고 없다.

잠시 후. 정우의 시체를 바라보는 주현.

주현　　(눈물을 참고 있다) ……

잠시 후. 정우의 무릎 위에 놓인 편지를 집어 드는 주현, 편지를 읽는다.

식지 않고 뜨거울 수 있는 시간.

(편지– 빵 봉지에 쓰여 있던 광고 글자다.)

주현　　(눈물이 고인 채) …!!!!

잠시 후. 정우의 입술 위 두 개의 이빨 자국을 발견하는 주현.

예상한 듯 쓴웃음을 짓는다.

잠시 후. 동산 풍경을 내려다보는 주현.

흐느낌을 참는다.

#55. 기차역/D

기차역을 걷는 미숙과 마리.
큰 가방을 질질 끌고 가고 있다.
잠시 후. 기차를 타는 미숙과 마리.

#56. 기차 안/D

자리에 앉는 미숙과 마리.
잠시 후. 지나가는 행인, 마리와 미숙 앞에 선다.

미숙   (가방을 무거워하며) …!

행인, 재빨리 미숙을 돕는다.

행인   (미소로) 멀리 가시나 봐요. 가방이 크네요.

미숙   아… 네… 딸아이와 요양을 가요.

행인   ?

미숙   딸아이가…… (미소로) 발달장애를 앓고 있어요.

행인, 미소를 지으며 마리를 바라본다.

마리, 관심 없는 듯하다 외국어 공부 노트를 꺼낸다.

잠시 후.

행인   (마리의 머리를 쓰다듬으며 미소로) 건강해지길 바라요.

미숙, 행인을 향해 미소로 목례를 한다.

잠시 후. 헝클어진 마리의 머리카락.

미숙, 그런 마리의 모습이 재미있다는 듯 피식 웃는다.

그때. 누군가 마리와 미숙의 맞은편에 선다.

누군가.

주현이다.

주현   (태연히) 합석해도 되죠?

마음이 편안해진 듯 미소를 짓는 주현, 마리와 미숙을 바라본다.

미숙, 그런 주현을 바라본다.

마리, 그런 주현을 바라본다.

#57. 기차/D

마리와 미숙(마리)과 주현(마리)이 탄 기차가 어디론가 멀리멀리 떠나고 있다.

〈2부 끝〉

미스터리 핑크

사랑,
그 파괴적인 미스터리 함.
그것은 당신의 자화상.

기획의도

'미스터리 한 LOVE(PINK)'
'미스터리 핑크(MYSTERY PINK)'는
사랑하는 이들의 일방적이고 관찰자적인 시점과 더불어 발생되는
파괴적인 감정들을 시간과 공간을 통해 담아낸 '단편영화'이다.

등장인물

인호

주인을 사랑한다.

주인을 보호하기 위해 주인을 가두어 두는 존재이다.

주인

인호를 사랑한다.

자신의 존재가 궁금하고 인호가 누구인지 궁금하다.

어느 날 인호에게 찾아온 주인의 가족들.

주인의 엄마, 주인의 여동생, 주인의 할머니.

그녀들은 누구일까.

#1. 식물원/D

햇살에 반짝이는 식물원.

반짝이는 거울 안으로 자신의 얼굴을 들여다보는 여자.

주인(35)이다.

붉은 립스틱의 주인.

핑크색 매니큐어가 발린 손으로 핑크색 볼터치를 한다.

잠시 후. 핑크색 볼터치 가루, 공중에 날린다.

(시간 경과)

거울 안.

묘한 미소의 주인.

주인V.O   내가 누군지 궁금하지 않아?

핑크색 테이블(문)을 중심으로 남녀가 마주 보고 앉아 있다.

인호(40)와 주인이다.

잠시 후. 알 수 없는 미소의 인호와 주인.

그때. 똑똑똑. 누군가 문을 두드린다.

잠시 후. 문에 달린 창을 열어 밖을 확인하는 인호.

인호의 시선으로 보이는 주인의 할머니, 엄마, 여동생(추측).

세 사람, 긴장한 듯 서 있다.

엄마V.O   가족입니다.

#2. 식물원/D

네 사람.

인호, 할머니, 엄마, 여동생이다.

인호   (의심스럽게) 처음 듣는 얘기네요.
          가족은 없다고 들었는데…

엄마   (묘한 미소로) …

인호   시신은 여기 두셔야겠습니다.

엄마   ?

인호   (담담히) 제가 보관할 겁니다.

엄마   (싸늘하게) 우리의 존재를 인정할 수 없다는 뜻이네요?

인호   (냉정하게 비웃으며) 그동안 단 한 번도 제 눈앞에
          나타나지도 않았으면서 왜 이제 와서.

엄마   (OL) 우린 항상 곁에 있었는데.
          (미소로) 당신이 관심이 없었겠지.
          보고 싶은 것만 보았다거나. (피식)

인호   ?

얼이 나간 할머니, 어디론가 걸어간다.
여동생, 그런 할머니를 따라간다.

엄마   (냉정하게) 저 아이가 어떻게 자라왔는지, 우리가 왜 이
꼴이 됐는지 알고 싶지 않아요?

인호   (냉정하게) 네. 전혀 알고 싶지 않습니다.

엄마   (비웃으며) …

인호   ?!!

엄마   (화제를 돌리며, 딴 사람처럼) 그럼, 우리에게 위로금 같은
걸 줄 수는 있어요? 그렇게 해 준다면 시신은 여기에
두고 가는 걸로 하죠. 어때요? 괜찮은 조건 같은데.

인호   (황당하다) ?

엄마   그것도 안 돼요? 참… 까다롭네…

인호   (우습다는 듯) 그만하시죠.

엄마 (묘한 미소로) 난… 당신이 그 아이를… 진짜로 사랑한 줄 알았지.

인호 (참으며) 그만하시라니까요.

#3. 식물원 / D

식물원을 배회하던 할머니와 여동생.

나무에 매달린 누군가의 발(핑크 하이힐)을 발견한다.

잠시 후. 할머니, 하이힐을 만지려 손을 뻗는다.

그런 할머니를 걱정스레 바라보는 여동생.

그때.

그들을 제지하는 인호, 할머니의 손목을 붙잡는다.

잠시 후. 손목이 붙잡힌 사람, 할머니가 아닌 여동생이다.

놀라는 여동생.

여동생 (다급하게) 할머니가 치매가 있으셔서…

(영문을 모르겠다는 듯 두리번거리다) 방금 전까지 여기 계셨는데…

(울먹이며) 길을 잃었나 봐요.

(멈춰 서며)

인호　　(고요히) 치매?

여동생　　(겁이 난다)

인호　　(싸늘하게) 그럼… 어차피 내가 누군지 기억도 못 하실
　　　　텐데
　　　　(고요히) 꼭 여기서 찾아야 하니?

여동생　　?!

그런 두 사람의 대화를 보는 엄마.
잠시 후. 충격에 인호를 뿌리치는 여동생.
뒷걸음질 친다.

인호　　(경고) 여긴 내 공간이야. 한 발짝도 움직이지 마!

여동생, 인호를 무시한 채.

여동생　　(방금과 전혀 다른 미소로 반격) 왜요?
　　　　당신 물건을 망가트릴까 봐?

인호　　(당황스러움에) ?!

여동생　　아무 데도 못 가게 하고. 아무것도 못 찾게 하고.

인호   ?

여동생   처음부터 아저씨가 죽었을지도 몰라요. 그죠?

인호   (OL) 너가 원하는 게 뭐야?

여동생   (OL) 내가 누군지 궁금하지 않아요?

인호   (OL) 나한테 왜 이러는 거야?

여동생   (OL) 진짜 내가 누군지 몰라요?

인호   (두렵다) ?

여동생   난 또…
                (싸늘하게) 진짜로 사랑하는 줄 알았지.
                (의미심장하게) 나를.

인호   ?!

인호의 두려운 표정.
잠시 후. 인호의 시선으로 보이는 누군가의 발(하이힐).
나무의 매달린(앉아 있는) 누군가의 얼굴이 보인다.
주인이 아닌 할머니다.

엄마V.O   (OL) 우린 항상 곁에 있었는데.

(미소로) 당신이 관심이 없었겠지.

보고 싶은 것만 보았다거나.

#4. 거울 안/D

엄마V.O   (냉정하게) 저 아이가 어떻게 자라왔는지,

우리가 왜 이 꼴이 됐는지 알고 싶지 않아요?

거울을 보는 할머니.

치매로 아무것도 모른다는 듯 묘한 웃음을 짓는다.

잠시 후. 할머니, 손톱에 우스꽝스럽게 매니큐어를 바른다.

잠시 후. 립스틱을 바르는 할머니.

잠시 후. 립스틱을 바르는 누군가. 엄마다.

여동생V.O   난 또… (싸늘하게) 진짜로 사랑하는 줄 알았지.

엄마   (OL) 아니. 원래 나 같은 건 피곤한 존재였다고 생각했을

거야. 넌 나의 젊은 날만을 기억하고.

잠시 후. 볼터치를 하는 주인.

잠시 후. 볼터치를 하는 누군가. 여동생이다.

<u>엄마V.O</u> 영원히 죽지 않는 모습으로 죽여버리겠지.

공허하게 웃어 보는 여동생.

insert> 거울 안.
자신을 보는 여동생의 얼굴,
주인의 얼굴,
엄마의 얼굴,
할머니의 얼굴이 차례대로 보인다.
공허한 미소의 그들.

#5. 식물원/D [#1. 회상]

핑크색 테이블을 중심으로 앉아 있는 주인과 인호.
묘한 미소를 짓고 있다.
싸늘한 두 사람의 간격.
(거꾸로 플래시백-#1의 인호와 주인. 거꾸로 플래시백 된다.)

잠시 후. 핑크색 테이블(문)을 열고 밖으로 나가는 주인.
혼자 남겨진 인호.
공허하다.

(시간 경과)

방문에 달린 창문을 열어 보는 인호.

인호의 시선으로 보이는 어딘가.

인호의 창백한 얼굴 위로 타이틀이 오른다.

사랑, 파괴적인 미스터리함.

그것은 당신의 거울, 당신의 자화상.

미스터리 핑크

구혜선 시나리오집 : 마리 이야기&미스터리 핑크

초판 1쇄 인쇄 2018년 1월 02일
초판 1쇄 발행 2018년 1월 10일

지은이 **구혜선**
발행인 **조상현**
마케팅 **김나연**
편집인 **김주연**
디자인 **Design IF**
펴낸곳 **더디퍼런스**

등록번호 제2015-000237호
주소 서울시 마포구 마포대로 127, 304호
문의 02-712-7927
팩스 02-6974-1237
이메일 thedibooks@naver.com
홈페이지 www.thedifference.co.kr

ISBN 979-11-6125-064-9 (03680)